레디 액션~~!
상상력 가득한
영화 세계로!

상수리 출판사 🌰 샹수리

상수리나무는 가뭄이 들수록 더 깊게 뿌리를 내리고
당당하게 서서 더 많은 열매를 맺습니다.
숲의 지배자인 상수리나무는 참나무과에 속하고, 꿀밤나무라 불리기도 합니다.
성경에 아브라함이 세 명의 천사를 만나는 곳도 상수리나무 앞이지요.
이런 상수리나무의 강인한 생명력과 특별한 능력을 귀히 여겨
출판사 이름을 '상수리'라고 했습니다.
우리 어린이들에게 상수리나무의 기상과 생명력을 키우는
좋은 책을 계속 만들어 가겠습니다.

영화의 역사와 제작 과정, 3D 영화의 특성까지

영화 아는 만큼 보여요

이남진 글 | 홍기한 그림

1장 ★ 영화란 무엇인가
내 인생 최초의 영화 … 8
영화는 여러 종류가 있어요 … 12

2장 ★ 영화의 역사
영화의 탄생 … 18
뤼미에르 형제는 영화의 아버지 … 20
영화는 이렇게 변해 왔어요 … 24

3장 ★ 한국 영화의 역사
한국 영화의 시작 … 38
항일 정신을 일깨워 준 민족 영화 … 42
한국 영화의 황금기 … 44
제2의 부흥기를 맞다 … 46

4장 ★ 영화, 누가 만드나
영화를 만드는 사람들 … 50
1세대 콘티 작가 인터뷰 … 64

5장 ★ 영화, 어떻게 만들어지나

영화는 어떻게 만들까 … 68
사전 작업 … 70
촬영·제작 … 76
후반 작업 … 78

6장 ★ 영화, 잘 보면 두 배로 재미있다

영화 감상을 나누어요 … 82
영화 감상법 … 84
영화, 아는 만큼 보인다 … 86
세계 3대 영화제 … 90
추천 영화 50선 … 92

독서 퀴즈 … 94

1장

영화란 무엇인가

내 인생 최초의 영화

극장에서 처음으로 영화를 보았던 때를 기억하나요? 컴컴한 극장에 앉아 가슴 두근두근하며 영화가 시작되기를 기다리던 경험은 쉽게 잊혀지지 않아요. 그때 본 영화 제목은 무엇이었나요?

감동을 주는 영화

어떻게 지나갔는지도 모르게 시간이 흐르고 영화는 끝이 납니다. 스크린 위로 영화를 만들었던 사람들의 이름이 줄줄 올라갑니다. 그리고 불이 켜지면 관객들은 극장을 빠져 나옵니다. 환한 빛 때문에 눈이 부시고 머릿속은 좀 전에 본 영화 생각으로 가득해요. 때로는 눈에 눈물 자국까지 그대로인데 거리에는 아무 일도 없었다는 듯이 사람들이 지나다닙니다. 그래서 영화를 보고 나면 꼭 다른 세상에 다녀온 느낌이 들기도 하죠.

영화의 힘

영화는 가보지 못한 곳이나 환상 세계를 보여 주기도 합니다. 영화 한 편 때문에 미래의 직업이 정해지고, 꿈이 생기고, 가보지 않은 외국의 도시가 친근하게 느껴지기도 합니다. 이것이 이 시대를 대표하는 위대한 예술, '영화'의 힘입니다.

TIP 영화가 끝나고 올라가는 목록은?

영화가 끝나고 나면 영화를 만든 사람들 이름이 낱낱이 올라갑니다. 그걸 '엔딩 크레디트'라고 하지요. 주연 배우부터 조연 배우들과 단역 배우들, 소품과 의상을 만들고 분장을 해 준 사람들의 이름이 올라갑니다. 화면에는 보이지 않지만 함께 영화를 만드는 데 참여했던 모든 예술가들의 이름을 볼 수 있습니다.

영화를 가리키는 여러 가지 말들

영화를 가리키는 말은 나라마다 다릅니다. 영화의 본고장 프랑스에서는 영화를 '시네마(Cinema)'라고 부릅니다. 미국은 주로 영화의 예술성을 강조할 때는 시네마라 부르고, 영화를 만드는 현장에서는 '필름(Film)'이라고 불러요. 또 극장에서 상영하는 영화를 가리킬 때는 '무비(Movie)'라고 하지요.

동양에서는 뭐라고 부를까?

우리나라는 원래 영화를 움직이는 사진이라 하여 '활동사진'이라고 불렀대요. 그러나 일제 강점기 일본의 영향을 받아 '영화'라는 말을 쓰게 되었답니다. 중국에서는 영화를 '전영(電映)'이라고 부르는데, 전기로 만든 그림자라는 뜻입니다. 중국의 전통 예술 중의 하나인 그림자 인형극처럼 스크린 위에 등장한 배우들을 전기가 만들어 낸 그림자라고 생각한 모양입니다.

영화는 하늘에서 뚝 떨어진 것이 아니다

영화는 카메라로 찍은 움직이는 그림입니다. 그리고 그 그림 속에는 이야기가 담겨 있습니다. 세상의 모든 예술이 그러하듯 영화도 앞서 태어난 다른 예술로부터 영향을 받았습니다.

사진과 비슷한 영화

사진과 영화는 매우 비슷합니다. 카메라와 필름을 이용해서 촬영한다는 점이 그렇지요. 하지만 사진과는 달리 영화는 움직이는 그림입니다. 무작정 움직이는 것이 아니라 이야기를 묘사하고 전달하기 위해 움직이는 것이지요.

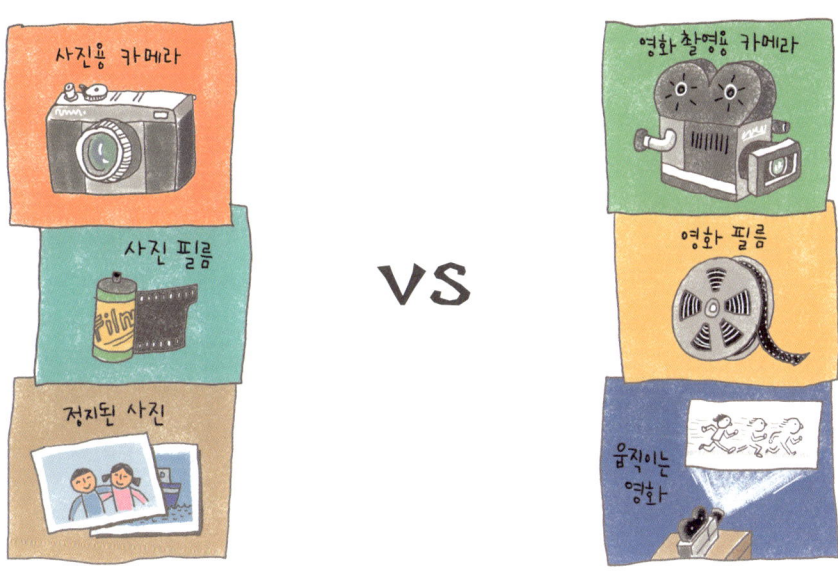

문학과도 비슷한 영화

영화에 담긴 이야기는 인류의 가장 오랜 문화유산인 문학과 비슷합니다. 옛날이야기는 귀로 듣기 때문에 상상력을 펼치기가 쉽지요? 지어 낸 얘기를 들으며 머릿속으로 상상의 나래를 펼친 것을 직접 눈앞에 보여 주는 것이 영화입니다. 지어 낸 이야기이지만 실제의 사건과 같은 생생함이 있습니다.

영화는 여러 종류가 있어요

문학에는 동화나 소설, 그리고 시도 있지요. 영화에도 여러 종류가 있어요. 동화처럼 이야기가 있는 극영화, 표현 기법을 실험적으로 시도한 실험 영화, 기록하는 글 같은 다큐멘터리 등 여러 가지 종류가 있어요.

영화의 네 가지 갈래

보통 극영화, 실험 영화, 다큐멘터리를 영화의 3대 기본 장르라고 얘기해요. 장르는 비슷한 것끼리 묶은 갈래를 뜻하지요. 그런데 요즘은 여기에 애니메이션을 더해 4가지 기본 장르로 구분합니다.

극영화

극영화는 일정한 줄거리가 있는 영화로, 우리가 흔히 보는 영화들은 대개 극영화에 해당해요. 이야기가 없는 실험 영화와 반대되는 성격을 지녔지요. 또한 가상의 인물과 사건을 다룬 허구라는 점에서 다큐멘터리와도 반대됩니다.

극영화 「오즈의 마법사」, 1939년
감독 빅터 플레밍

> 회오리바람에 휩쓸려 오즈의 나라에 떨어진 도로시는 똑똑해지고 싶은 허수아비와 겁쟁이 사자, 심장을 갖고 싶은 양철 나무꾼을 만나 집으로 되돌아가기 위해 오즈의 마법사를 찾아 함께 모험을 떠납니다.

애니메이션

애니메이션은 어린이들이 좋아하는 만화 영화를 말하지요. 옛날에는 애니메이션이 텔레비전으로 방송되었는데, 완성도 높은 극장용 장편 영화가 많이 제작되면서 영화의 한 종류가 되었습니다.

2011년에는 오성윤 감독이 제작한 「마당을 나온 암탉」이 개봉되어 큰 인기를 얻었지요. 같은 제목의 동화를 원작으로 6년 간의 기획과 제작을 거쳐 탄생한 애니메이션이에요.

애니메이션 「마당을 나온 암탉」

> 암탉 잎싹은 좁은 양계장을 나와 냉혹한 자연의 세계와 맞섭니다. 그러다가 자신을 도와준 청둥오리 나그네의 알을 품어 부화시킵니다. 엄마가 된 잎싹은 족제비로부터 새끼 청둥오리를 지키기 위해 온 힘을 기울입니다.

다큐멘터리 영화

다큐멘터리는 현실의 모습을 있는 그대로 기록하는 영화로 '기록 영화'라고도 합니다. 극영화와 반대되는 개념이지요. 텔레비전에서도 방영되어 지구 온난화와 환경 문제에 대한 큰 관심을 불러일으킨 「북극의 눈물」과 같은 작품을 말합니다. 다큐멘터리 영화는 아프리카 대자연이나 원시 종족의 문화를 보여 주기도 하고, 우리와는 다른 환경에서 살고 있는 사람들의 모습을 다루기도 합니다.

다큐멘터리 영화 「아이언 크로우즈」 2009년 | 감독 박봉남

이 영화는 방글라데시 치타공의 선박 해체소에서 일하는 노동자들의 모습을 담고 있습니다. 바다를 누비던 거대한 배들이 수명을 다하고 나면 이곳에 보내져 해체되고, 고철로 팔립니다. 하루 1달러를 벌기 위해 열심히 일하는 방글라데시 노동자들과 오랜 기간 함께 생활하면서 만들어진 작품입니다.

TIP 암스테르담 국제 다큐멘터리 영화제

암스테르담 국제 다큐멘터리 영화제(IDFA)는 다큐멘터리의 칸 영화제라고 불리는 최고 권위의 영화제입니다. 매년 3천여 편의 다큐멘터리 영화가 상영됩니다. 2009년 한국 다큐멘터리 최초로 「아이언 크로우즈」가 중편 대상을 받은 데 이어 2011년에는 이승준 감독의 「달팽이의 별」이 장편 대상을 받았습니다.

실험 영화

실험 영화는 새로운 시도를 목적으로 제작된 영화를 말합니다. 시처럼 설명이 많지 않고, 떠오르는 이미지를 보여 주는 것이 실험 영화의 가장 큰 특징이지요. 이야기의 기승전결이 없는 대신 이미지와 느낌을 통해 익숙한 사물과 생각을 새롭게 보여 줍니다.

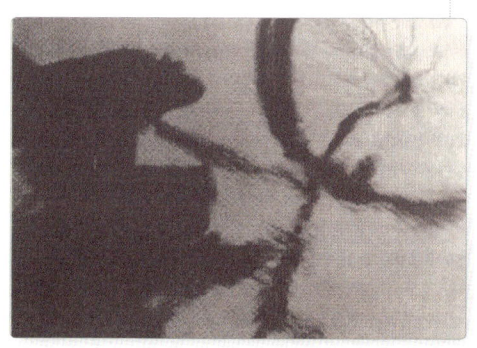

실험 영화 「비」 1929년 | 감독 요리스 이벤스

영화 「비」는 비 내리는 네덜란드 암스테르담의 실제 풍경을 담은 15분짜리 실험 영화입니다. 갑자기 비가 내리면서 창문의 덧창이 닫히고 소녀들이 종종걸음을 치고 일제히 우산이 펴지는 도시의 모습을 화면에 담았습니다. 빗줄기가 도로 위에 웅덩이를 만들고 창문 위에 흐르는 빗방울 등이 리듬감 있게 묘사되어 있어요. 실제 화면을 찍었다는 점에서 다큐멘터리의 특성도 담고 있지요.

 **TIP 영화의 또 다른 갈래**

영화는 내용에 따라 다르게 장르를 나누기도 해요. 남녀의 사랑을 그린 멜로 영화, 등장인물이 겪는 호쾌한 모험의 세계를 그린 액션 어드벤처, 우스꽝스러운 상황을 통해 해피엔딩에 이르는 코미디 영화, 공상 과학과 미래 세계를 그리는 SF 영화, 오싹한 스릴을 느끼게 하는 공포 영화 외에 무협 영화, 전쟁 영화, 서부 영화 등으로 구분할 수 있습니다.

2장

영화의 역사

영화의 탄생

알타미라 동굴 벽화가 그려진 정확한 시대를 알지는 못해요. 약 1~2만 년 전인 구석기 시대인들이 그렸다고만 추측하고 있습니다. 이처럼 고대 벽화나 옛이야기, 고대 음악 등은 언제 처음 생겨났는지 정확히 알기 어렵습니다. 하지만 영화는 유일하게 탄생일을 정확히 알 수 있는 예술이지요.

그랑 카페에서 영화가 태어나다

1895년 12월 28일, 프랑스 파리의 카퓌신 거리에 있는 '그랑 카페' 앞에는 평소와는 다른 두근거림이 가득했어요. 카페 입구에는 '특별 상영, 입장료는 1프랑'이라는 메모가 붙어 있었습니다. 그랑 카페 지하에 하나 둘씩 모여든 구경꾼들은 뤼미에르 형제가 보여 줄 신기한 구경거리를 숨죽이며 기다렸습니다. 잠시 후 컴컴한 카페 안, 하얀 벽 위에 움직이는 그림이 나타나더니 난데없이 기차 한 대가 모여 있던 구경꾼들을 향해 달려왔고, 사람들은 비명을 지르며 몸을 피했지요. 이것이 바로 최초의 영화 「시오타 역에 도착하는 기차」입니다. 이 첫 영화의 관객은 33명이었다고 해요.

▲ 1 프랑짜리 그랑 카페 입장권

아쉽게도 현재 파리에는 그랑 카페가 남아 있지 않아요. 하지만 옛 그랑 카페의 모습과 당시의 관객들, 영화 상영 당시 모습을 보여 주는 사진을 장식해 놓은 카페는 많지요.

첫 상영작

사실 제일 처음 상영된 영상은 「뤼미에르 공장에서 퇴근하는 노동자들」로 공장 문을 걸어 나오는 노동자들의 실제 모습을 찍은 장면입니다. 하지만 기차가 도착하는 장면이 사람들에게 가장 큰 충격을 주고 유명해져, 인류 최초의 영화를 「시오타 역에 도착하는 기차」라고 이야기하지요.

뤼미에르 형제는 영화의 아버지

영화를 보려면 먼저 영화를 찍어야 하죠. 영화를 찍으려면 카메라가 필요하고요. 영화 카메라는 미국의 발명왕 에디슨이 만들었어요. 그런데 왜 카메라를 만든 에디슨이 아닌 뤼미에르 형제를 '영화의 아버지'라고 부를까요?

왜 에디슨은 영화의 아버지가 되지 못했을까?

에디슨이 발명한 카메라는 너무 커서 가지고 다닐 수가 없었습니다. 그래서 자신이 만든 세계 최초의 스튜디오 '블랙 마리아' 안에서만 촬영을 했지요. 게다가 '키네토스코프(Kinetoscope)'라는 영사기를 통해서 한 사람씩만 볼 수 있도록 되어 있었지요. 하지만 뤼미에르 형제는 영화를 관객 앞에서 '상영'했습니다. 이 차이 때문에 뤼미에르 형제가 영화의 아버지로 불리게 된 것입니다. 관객과 만나는 순간, 영화는 비로소 완성되지요.

키네토스코프

키네토스코프는 1889년에 에디슨이 발명한 영사기입니다. 동전을 넣으면 필름이 자동으로 회전하여 위에서 확대경으로 들여다보도록 되어 있었지요. 아주 간단한 영상들이었지만 당시에는 굉장히 신기했기 때문에 줄을 서서 볼 정도로 인기가 많았답니다. 뤼미에르 형제는 키네토스코프를 발전시켜 여러 명이 함께 볼 수 있는 '시네마토그라프(Cinématographe)'를 만들었습니다.

카메라의 원리

영화 카메라의 원리는 우리 눈의 착시 현상을 이용하여 멈춰 있는 그림이 움직이는 것처럼 보이게 한 것입니다. 영화 카메라에는 보통 1초에 24장의 사진이 찍히는데, 이 24장의 필름이 아주 빠르게 돌아가면서 우리 눈에는 마치 영상이 실제로 움직이는 것처럼 보이는 것입니다.

착시 현상이 부리는 마술

공책 가장자리에 그림을 그려 놓고 휘리릭 공책을 넘기면 마치 그 그림들이 움직이는 것처럼 보이는 놀이를 해 본 적 있을 거예요. 분명히 공책 가장자리에 움직이지 않는 그림들을 그렸는데 그림이 움직이는 것처럼 보이는 것은 바로 착시 현상 때문입니다. 그 착시 현상을 이용한 것이 영화랍니다.

 **TIP** **영사기는 앗 뜨거워!**

필름이 통과하는 영사기는 뜨거운 열을 내기 때문에 필름은 반드시 열에 강한 재료로 만들어야 합니다. 그럼에도 불구하고 영사기의 열 때문에 영화관에서는 화재가 자주 일어났답니다. 영화를 좋아하는 소년과 늙은 영사 기사의 우정을 그린 영화 「시네마 천국」에서도 필름에 불이 붙어 극장에 불이 나는 장면이 나오지요.

머이브릿지의 실험

1879년 영국의 사진사 머이브릿지는 길에 사진기 12대를 일정한 간격으로 설치하여 달리는 말을 찍었습니다. 각 카메라에 실을 연결하여 말이 달리면서 그 실을 끊으면 셔터가 눌러지는 방식으로 연속 촬영을 한 것이죠. 이 사진을 보고 말이 달릴 때 말이 어떻게 움직이는지 알 수 있었습니다. 이 실험은 후에 영화 카메라의 발전에 큰 도움을 주게 됩니다.

에드워드 머이브릿지 (1830. 4. 9~1904. 5. 8)

머이브릿지는 영국에서 태어난 사진작가입니다. 인간과 동물의 운동을 시각적으로 연구했습니다. 머이브릿지는 1872년 정지 화면을 포착할 수 있는 '복합 전자 셔터 릴리즈 시스템'을 발명하여 달리는 말을 찍었습니다. 이 사진으로 말이 달릴 때 순간적으로 네 발굽을 들어 올려 달리는 걸 알았습니다. 어떤 발이 땅에 있는지 등 말의 움직임을 둘러싼 논쟁도 끝낼 수 있었다고 합니다.

디지털 카메라의 등장

필름을 사용하지 않는 디지털 카메라가 처음 개발되었을 때에는 필름 카메라에 비해 화질이 떨어져 많이 사용하지 않았습니다. 그러나 점차 기술이 발전하면서 요즘에는 디지털 카메라로 영화 촬영을 많이 합니다. 디지털 카메라의 가장 큰 장점은 필름 카메라보다 훨씬 적은 예산으로 영화를 찍을 수 있다는 점이에요. 하지만 디지털 카메라로 촬영했을 때의 화면은 차갑고 매끄러운 느낌이 드는 반면, 필름 카메라로 촬영했을 때는 따뜻한 색감과 부드러운 느낌이 든답니다. 그래서 여전히 필름 카메라를 고집하는 감독들도 많이 있답니다.

1초에 48장

영화 카메라는 1초에 24장이 찍히는 것이 일반적이지만 기술의 발달과 더 좋은 화면을 만들고자 하는 영화인들의 노력에 힘입어 변화와 발전을 거듭하고 있습니다. 영화 「반지의 제왕」으로 유명한 피터 잭슨 감독은 3D 영화 「호빗」을 촬영하면서 1초에 48장이 찍히는 카메라를 사용한다고 합니다. 3D 영화를 볼 때 움직임이 흐르듯이 보이는 단점을 개선하기 위한 것이라고 합니다.

 **TIP** 3D 영화는 어떤 카메라로 찍을까?

흔히 3D 영화는 일반 영화용 카메라가 아닌 3D용 카메라로 촬영해요. 3D용 카메라는 일반 카메라와 다르게 카메라 렌즈 두 개가 달려 있어서 꼭 망원경처럼 생겼지요. 우리 두 눈이 각기 다른 시각 정보를 받아들여 사물을 입체적으로 인식하기 때문에 두 렌즈도 두 눈 사이의 거리만큼 떨어져 있지요.

▲ 렌즈가 2개 달려 있는 3D용 카메라

영화는 이렇게 변해 왔어요

영화는 무성 영화에서 유성 영화, 컬러 영화를 거쳐 그리고 오늘날 3D·4D 영화까지 새로운 발전의 길을 걸었어요. 물론 이렇게 영화가 걸어 온 길에는 과학의 발전이 큰 힘을 보탰지요.

소리가 없는 무성 영화 시대

초기 영화들은 소리가 없는 무성 영화였어요. 소리가 안 나오는 영화라니 상상이 안 되지요? 그 시대에는 소리를 녹음하는 기술이 없었기 때문이에요. 게다가 뚜렷한 이야기도 없는 신기한 장면에 불과한 것이었습니다. 1895년 그랑 카페에서 뤼미에르 형제가 선보인 최초의 영화도 기차가 도착하는 단 한 장면이었지요. 그러나 오랜 시간이 걸리지 않아 이야기가 있는 새로운 영화가 탄생했습니다. 1903년 에드윈 S. 포터 감독의 「대열차강도」가 바로 그것입니다.

장면을 연결하여 이야기를 만들다

「대열차강도」는 강도들이 달리는 열차에 잠입해 돈을 훔치다가 발각되어 인질극을 벌이지만 결국 마을 민병대에게 모두 잡힌다는 내용의 영화입니다. 상영 시간이 약 12분에 달하는 영화였지요. 14개의 장면을 연결해 이야기를 보여 주었고, 역할을 맡은 배우들도 나왔답니다. 그밖에 기차가 달리는 것처럼 보이기 위해 창 밖 배경이 움직이게 만들고, 다이너마이트 폭발 장면의 효과를 위해 흑백 필름 위에 색을 입히는 등 다양한 시도를 했지요.

「대열차강도」 1903년

소리 안 나는 총

「대열차강도」의 마지막 장면에서 이미 총을 맞고 쓰러졌던 강도가 카메라를 쳐다보며 총을 발사하는 장면은 관객들에게 큰 충격을 주었습니다. 총을 든 배우의 상반신을 크게 보여 준 이 장면은 최초의 클로즈업으로, 총이 발사되는 장면을 가까이서 본 관객들은 기절할 듯이 놀랐다고 해요. 하지만 관객들은 강도가 쏘는 총소리는 들을 수 없었어요. 소리가 없는 무성 영화의 시대였기 때문이지요.

 **은막의 시대**

무성 영화가 상영되던 시기는 알루미늄과 청동 분말을 섞어 바른 실버 스크린(은색 장막)으로 상영했기 때문에 은막의 시대라고도 불렸어요. 여배우를 가리켜 '은막의 여왕', 영화를 '은막의 세계'라고 부르는 말들이 이때 생겨났지요.

무성 영화 시대의 대표 스타 찰리 채플린

무성 영화 시대의 대표 스타로는 찰리 채플린이 있습니다. 찰리 채플린은 콧수염과 낡은 중절모, 지팡이를 들고 헐렁한 양복을 입은 우스꽝스러운 모습으로 유명합니다.

찰리 채플린은 어떤 사람이었나

채플린은 1889년 영국 런던에서 태어나 어린 시절을 고아원에서 보냈습니다. 다섯 살 때 처음으로 연극 무대에 섰고, 1914년에는 영화사의 눈에 띄여 영화에 출연했습니다. 「베니스의 어린이 자동차 경주」가 첫 출연작이었죠. 영화에서 찰리 채플린은 한 번이라도 더 자기 모습이 나오게 하려고 카메라맨의 앞을 가로막는 행동을 하였고 영화는 큰 성공을 거두었습니다. 채플린은 배우로 시작하였지만, 직접 각본을 쓰기도 하고 영화를 연출·제작하기도 했습니다.

「모던 타임즈」와 망명

1936년에 제작된 채플린의 대표작 「모던 타임즈」는 공장들이 모두 문을 닫는 대공황을 겪으면서 드러난 자본주의의 문제점과 유럽을 공포로 몰아넣은 나치를 비판하고 있습니다. 사회에 대한 이런 비판적인 태도 때문에 채플린은 미국을 강제로 떠나야 했고 스위스에서 살다가 1977년에 세상을 떠났습니다. 1973년 미국 아카데미는 찰리 채플린에게 평생공로상을 주었죠. 영국 여왕으로부터 기사 작위(Sir)도 받았습니다.

경쟁자 라디오를 신기술로 이긴 유성 영화

무성 영화 시대의 영화계는 곧 새로운 기술의 도입이 절실히 필요해졌습니다. 집집마다 라디오가 보급되어 영화의 경쟁자로 등장한 거예요. 극장에서 오케스트라 연주자들이 음악을 직접 연주하기도 했지만, 그 정도로는 역부족이었지요.

소리를 실은 영화

"기다려! 기다려! 넌 아무것도 듣지 못했잖아!" 1927년 10월 6일 뉴욕 워너브라더스 극장에 울려 퍼진 이 대사가 소리 없이 화면만 움직이던 무성 영화에 소리가 실린 유성 영화 시대를 알리는 신호탄이었습니다. 최초의 유성 영화 「재즈 싱어」가 제작된 것입니다. 「재즈 싱어」가 크게 흥행하자 영화 제작자들은 너도나도 유성 영화 제작에 나섰습니다.

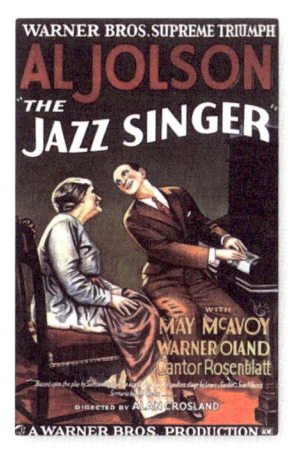

「재즈 싱어」 1927년
감독 앨런 크로스랜드

↑ 소리가 나지 않아서 배우들의 대사는 자막으로 보여진다.

↑ 영상 화면과 함께 배우들의 대사, 다른 음향들이 들린다.

색을 입다, 컬러 영화

초창기 사진이 흑백 사진이었던 것처럼 영화도 한동안 흑백 필름으로 제작되었습니다. 하지만 우리들의 눈으로 보는 세상은 컬러로 가득한 세상이기 때문에 흰색과 검은색으로만 표현되는 흑백 영화는 현실을 그대로 담아낼 수 없었어요. 그래서 컬러 필름을 발명하고자 하는 노력은 끊임없이 계속되었답니다.

붓으로 색을 칠해서

처음에는 흑백으로 촬영된 필름 위에 붓으로 색을 칠해 덧입히기도 했습니다. 1940~50년대에 촬영된 스틸 사진 속에서 그 흔적을 쉽게 찾아 볼 수 있습니다. 흑백 사진인데, 인물의 볼과 입술에는 붉은색이 희미하게 보입니다. 최초의 3원색 컬러 영화는 1932년 디즈니사에서 만든 애니메이션 「꽃과 나무」입니다.

또 다른 경쟁자, 텔레비전의 등장

1936년 텔레비전으로 중계 방송된 베를린 올림픽으로 전 세계인들 생활 속에 텔레비전이 자리잡으면서, 영화계는 다시 한 번 위기를 맞게 됩니다. 집에서 공짜로 온갖 쇼와 영화를 보여 주는데 누가 귀찮게 영화관까지 차를 타고 가서 돈을 내고 영화를 볼 것인가? 이제 영화는 사라지는 게 아닐까? 당시 영화계는 심각한 고민에 빠졌습니다. 한동안 흥행 부진에 시달리던 영화계는 어떤 해법을 찾았을까요?

텔레비전이 보여 주지 못하는 것을 보여 주자!

영화계는 흑백 화면이었던 텔레비전과 달리 컬러 화면을 보여 주고, 조그만 텔레비전 화면에서는 느낄 수 없는 크고 웅장한 장면을 보여 주자는 해법을 찾았어요. 그래서 당시 영화 홍보 문구에서는 '총천연색 시네마스코프'라는 말을 흔히 볼 수 있습니다. '시네마스코프(Cinema-Scope)'란 넓고 큰 화면을 보여 준다는 뜻으로 텔레비전과는 다른 영화만의 장점을 선전한 것입니다. 그래서 관객들은 다시 영화관을 찾게 되었습니다.

미국 영화 산업의 시작

유성 영화 시대를 맞이하면서 무성 영화 시대의 강국이던 북유럽의 영화 산업은 쇠퇴합니다. 언어의 장벽 때문에 많은 사람들이 사용하는 영어로 된 영화를 수출하는 것이 훨씬 유리해졌죠. 또한 제2차 세계대전을 겪으며 많은 유럽의 영화인들이 전쟁을 피해 미국 캘리포니아주의 할리우드로 이주합니다. 할리우드는 거의 1년 내내 맑은 날씨에 온화한 기후여서 영화 촬영에 좋은 장소이지요.

할리우드, 세계 영화의 중심에 서다

미국의 영화 산업은 더욱 활기를 띠면서 콜롬비아, 유니버설, 파라마운트, 워너 브라더스, MGM, 20세기 폭스 등 8개의 커다란 영화사들이 생기기 시작합니다. 그리고 할리우드는 세계 영화의 중심이 되어, 막대한 자본과 훌륭한 재능을 가진 인재가 결합한 최강의 영화를 만들어 내기 시작합니다.

「E.T.」와 「스타워즈」의 성공

텔레비전이 보급되자 할리우드는 텔레비전에서 볼 수 없는 대단한 영화를 만들겠다는 계획을 세웠습니다. 그것이 바로 액션 영화와 판타지 영화입니다. 식인 상어의 습격을 그린 「죠스」(1975), 외계인과 소년의 우정을 그린 「E.T.」(1982), 외계에서 벌어지는 모험과 액션을 그린 「스타워즈」(1977) 등이 새로운 시도로 만들어진 영화들입니다. 이 영화들은 전 세계로 수출되어 큰 성공을 거두었습니다. 이렇게 흥행에 성공한 영화를 블록버스터(Blockbuster)라고 하지요.

TIP 블록버스터

엄청난 위력을 지녔다 하여 폭탄의 이름을 따서 블록버스터라고 불렀습니다. 오늘날도 관객이 가장 많이 찾는 방학은 '블록버스터 시즌'이라고 불리고 있지요.

3D 영화의 시대가 열리다

영화를 보러 갔을 때 선글라스 같이 생긴 안경을 나눠 줄 때가 있지요? 그 안경을 끼고 영화를 보면 마치 실제 눈앞에서 사건이 벌어지는 듯한 느낌을 받는데, 그 영화를 바로 3D 영화라고 해요. 2009년에 개봉하여 관객들을 놀라운 환상의 세계로 이끌었던 「아바타」 이후 3D 영화는 큰 인기를 얻게 되었습니다.

3D의 등장

영국의 물리학자이자 발명가인 찰스 휘트스톤은 1838년 실험 중에 우연히 두 눈의 시차에 대해 발견했습니다. 이후 두 개의 거울을 이용하여 입체 영상을 볼 수 있는 스테레오스코프(Stereoscope)를 발명하면서 3D가 세상에 처음 등장하게 되었답니다.

TIP 우리 기술로 만든 3D 영화

2012년에 개봉한 「점박이 : 한반도의 공룡」은 컴퓨터 그래픽뿐만 아니라 3D 기술까지 100% 우리나라 기술로 만든 3D 애니메이션 영화입니다. 17종 80여 마리의 거대한 공룡이 생생하게 등장하는 「점박이 : 한반도의 공룡」은 개봉 전부터 미국과 독일, 인도 등 세계 33개국에 판매될 정도로 인정을 받은 작품입니다.

3D 입체 영화의 원리

손으로 오른쪽 눈을 가리고 물건을 본 뒤 다시 왼쪽 눈을 가리고 물건을 보세요. 약간의 차이가 느껴지나요? 사람의 눈은 2개이고 두 눈이 약 6cm 가량 떨어져 있기 때문에 그렇게 보이는 거예요. 바로 이러한 원리를 이용한 것이 3D 영화입니다. 우리의 양쪽 눈과 같이 약 6.3cm 가량 떨어져서 2개의 렌즈가 달려 있는 카메라를 이용하여 영화를 촬영하고 이렇게 만든 영상을 특수한 안경을 쓰고 보면 3D 영화를 즐길 수 있는 것이지요.

TIP 입체 안경을 안 쓰고 3D 영화를 볼 수는 없을까?

입체 안경 없이도 3D 영화를 볼 수 있는 방법이 있어요. 오토스테레오스코피(Autostreoscopy)라고 하는 방식의 3D 영화는 입체 안경을 쓰지 않고도 입체감을 느낄 수 있답니다. 하지만 이 방식은 매우 한정된 각도의 자리에서만 입체감을 느낄 수 있어 문제가 많지요. 앞으로 더 기술이 발전하면 입체 안경 없이도 3D 영화를 볼 수 있을 거예요.

3D 영화의 역사

사실 3D 영화는 이미 오래전부터 만들어져 왔습니다. 최초의 3D 영화는 1952년에 만들어진 아치 오보러 감독의 「봐나 악마」입니다. 「봐나 악마」의 성공으로 많은 3D 영화가 만들어졌지만 이 시기에 만들어진 3D 영화는 수준이 낮아서 관객들에게 크게 사랑받진 못했습니다. 하지만 점차 기술이 발전하여 「아바타」와 같은 놀라운 영화가 탄생한 것이지요.

미래의 영화

이제는 3D 영화를 넘어서 4D 영화까지 등장했습니다. 4D 영화는 3D 영화 영상에 바람이 불거나, 물이 튀거나, 의자가 흔들리는 등의 물리적 효과가 추가된 영화를 말하지요. 그래서 관객들은 좀 더 영화를 실제와 같이 느낄 수 있습니다. 미래의 관객들은 지금보다 더 실감나게 영화를 즐길 수 있을 거예요. 앞으로의 영화는 어떤 모습일까요? 상상해 보세요.

TIP 스테레오그래퍼

스테레오그래퍼(Stereographer)는 3D 촬영 장비 조작부터 편집과 상영까지 3D 입체 제작 전반을 관장하는 3D 영상 총괄 감독을 뜻합니다. 3D 영화가 붐을 일으키면서 스테레오그래퍼가 많이 필요해지고 있는데, 3D 산업이 발전한 미국에서도 30명 정도밖에 없을 만큼 아직은 그 수가 많지 않아요. 우리나라 1세대 스테레오그래퍼는 박재춘 감독으로 원래 카메라 감독이었는데 2003년부터 스테레오그래퍼를 시작했다고 합니다.

입체 안경 만들기

준비물 : 두꺼운 도화지, 빨간색 셀로판지, 파란색 셀로판지, 테이프, 가위, 연필

3D 영화를 보러 영화관에 가면 안경을 나눠 주지요? 그것과 비슷한 효과를 주는 입체 안경을 집에서도 손쉽게 만들 수 있어요.

만드는 방법

1. 두꺼운 도화지에 안경 모양을 그리세요.
2. 모양대로 자르고 안경알 부분도 오려 주세요.
3. 안경알 한쪽에는 빨간색 셀로판지를, 다른 한쪽엔 파란색 셀로판지를 테이프로 붙이세요.
4. 완성된 입체 안경을 끼고 아래의 입체 사진을 보세요. 입체적으로 보이나요?

3장 한국 영화의 역사

한국 영화의 시작

영화는 전파력이 뛰어난 예술이어서 탄생 이후, 전 세계로 빠르게 퍼져 나갔습니다. 우리나라에도 '활동사진'이라고 불리던 영화가 상륙하여 대단한 발전을 거듭했습니다.

영화, 한반도에 상륙하다

영화가 처음 우리나라에 들어온 시기에 대해서는 여러 가지 의견이 있는데, 먼저 1897년이라는 주장이 있어요. 뤼미에르 형제는 파리 상영 이후, 전 세계를 돌며 영화를 보여 주었는데, 이즈음 태국의 왕실에서 영화를 상영했다는 기록이 있습니다. 그렇기 때문에 1897년 한국에 영화가 들어왔다는 설이 아주 엉뚱한 소리인 것만은 아니지요. 하지만 기록으로 확인할 수 있는 것은 1903년 6월 23일자 〈황성신문〉에 실린 광고문이 최초의 것입니다.

TIP 설렁탕 한 그릇

동전 10전은 당시 설렁탕 한 그릇 정도의 가격으로 큰돈이었지요.

갓을 벗고 인사하다

당시 영화를 보던 조선 사람들은 영화에서 배우가 인사하는 장면이 나오자 따라서 갓을 벗고 인사를 했다고 해요. 뤼미에르 형제가 그랑 카페에서 영화를 상영했을 때 사람들이 비명을 지르며 몸을 피했던 것과 비슷하지요?

극장가가 생기다

1910년 서울에는 활동사진을 상영하는 상설극장이 여럿 등장하면서 극장가가 형성되었습니다. 극장들은 곧 큰 인기를 끌었고 1920년대에는 전국적으로 극장이 퍼져 나갔습니다. 이렇듯 영화를 즐기던 한국 사람들이 영화를 만들기까지는 20여 년의 시간이 걸렸답니다.

한국 최초의 극영화

한국 최초의 극영화는 1923년에 만들어진 윤백남 감독의 「월하의 맹서」입니다. 노름과 술에 빠진 지식인 청년이 약혼녀의 도움을 받아 새로운 인생을 살게 된다는 내용이지요. 그러나 「월하의 맹서」는 조선 총독부 우체국이 저축을 장려하기 위해 제작을 도운 계몽 영화로, 일본인의 자금으로 만들어져 최초의 한국 영화로 볼 수 없다는 의견도 있습니다.

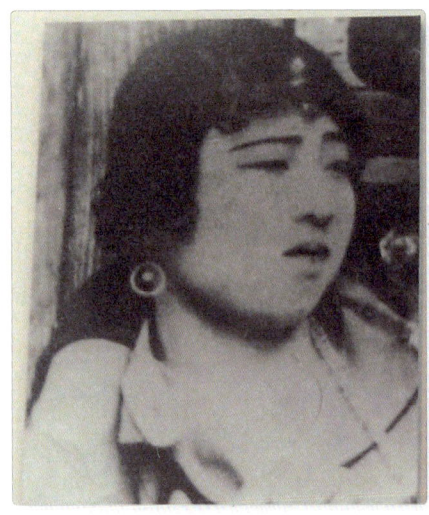

한국 최초의 여배우 이월화

「월하의 맹서」에 출연한 이월화는 우리나라 최초의 여배우입니다. 이월화의 본명은 이정숙으로 월화는 윤백남 감독이 예명으로 지어 준 이름이랍니다. 당시 영화계에는 여배우가 거의 없었기 때문에 1920년대 한국 영화계의 대표 배우로 활동했지요. 이월화를 보기 위해 시민들이 줄을 길게 늘어설 정도로 인기가 좋았다고 해요.

「장화홍련전」

1924년에 제작된 「장화홍련전」은 배우를 비롯한 모든 스태프가 한국인으로 구성되어 있었다고 합니다. 그래서 진정한 우리나라 최초의 영화로 일컬어지고 있답니다. 우리나라 고전을 바탕으로 만들어 사람들의 마음에 잘 다가간 영화로, 이후 다른 감독들도 고전을 바탕으로 영화를 많이 만들었어요.

 **TIP** 「청춘의 십자로」

1934년에 안종화 감독이 만든 무성 영화 「청춘의 십자로」는 지금까지 남아 있는 가장 오래된 우리나라 영화랍니다. 문화재 제488호로 등록되었어요.

무성 영화 시대의 스타, 변사

변사란 무성 영화 시대에 등장인물의 대사 및 감정을 관객에게 설명했던 사람이에요. 필름을 바꾸는 틈새 시간에 재미있는 공연을 보여 주기도 했습니다. 미국이나 유럽에도 변사는 있었지만 큰 역할을 하지 못했고, 우리나라나 일본에서 더 중요한 역할을 하였지요.

우리나라 최초의 변사

변사는 1910년경부터 본격적으로 등장했어요. 최초의 변사는 극장 단성사의 우정식이라는 사람입니다. 변사에 따라 영화의 흥행이 좌우될 정도로 인기를 누렸죠. 일제 강점기 때에는 변사가 일본에 반대하는 내용을 말할까봐 지금의 경찰인 일본 순사가 영화관을 늘 지키고 있었답니다. 하지만 유성 영화 시대가 열리면서 변사는 역할을 잃어버렸습니다. 1948년 「검사와 여선생」을 마지막으로 변사는 사라졌습니다.

항일 정신을 일깨워 준 민족 영화

1920년대 우리나라 사람들은 일본에게 지배를 당하며 핍박 받고 있었습니다. 그런 우리나라 사람들에게 나라 잃은 설움과 독립 정신을 일깨워 주는 민족 영화들이 등장했습니다. 대표적인 작품이 나운규 감독의 「아리랑」입니다.

한국 영화의 아버지, 나운규 감독

나운규 감독은 일제 강점기의 한국 영화를 대표하는 민족 영화의 선구자입니다. 1902년 함경북도 회령에서 태어나, 만주 용정의 명동중학교에서 공부했는데, 3·1 운동에 가담하였습니다. 일제의 탄압으로 학교가 문을 닫게 되자 나운규는 독립운동을 하다가 1년 6개월 동안 감옥에 갇혀 생활합니다. 함께 감옥에 갇혀 있던 독립운동가 이춘성 선생으로부터 춘사라는 호를 얻게 됩니다. 그래서 춘사 나운규라고도 하지요. 윤백남 감독의 영화 「운영전」에 가마꾼으로 출연을 하면서 배우가 되었고 1926년에는 대표작 「아리랑」을 연출하게 됩니다. 나운규가 주연, 감독, 시나리오를 모두 담당한 「아리랑」은 큰 성공을 거두었습니다. 나운규 감독은 유명한 배우이자 훌륭한 시나리오 작가였어요. 특히 손으로 필름을 잘라서 붙이던 한국 영화 초창기에 믿기 힘들 정도의 놀라운 편집 기술도 보여 주었다고 합니다. 한국 영화 발전에 힘쓴 나운규 감독은 한국 영화의 아버지로 불리고 있습니다.

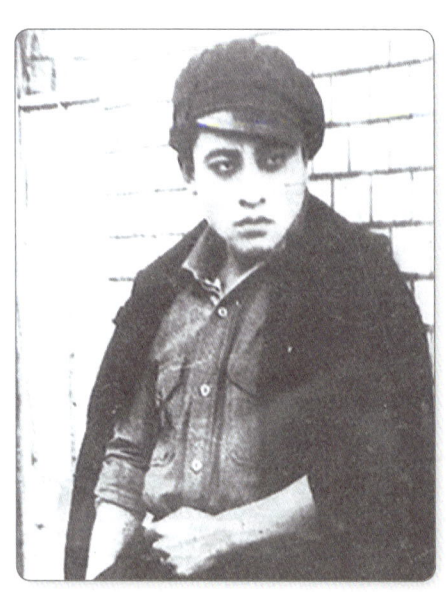

「아리랑」 출연 당시 나운규 감독

「아리랑」

흑백의 무성 영화 「아리랑」은 나라 잃은 슬픔을 잘 그려내어 한국 영화가 도약하는 계기를 마련한 민족 영화의 대표작이지요. 영화가 상영되던 당시 극장 안은 감동에 벅차 목 놓아 우는 사람, 아리랑을 합창하는 사람, 심지어 조선 독립 만세를 부르는 사람까지 섞인 감동의 도가니였다고 전해져요.

한국 영화의 황금기

우리나라는 해방 이후 1950년 6·25 전쟁을 겪으면서 영화 제작에 큰 어려움을 겪었습니다. 북한으로 납치된 영화인들도 많았고 폭격 등으로 영화 제작에 필요한 시설들이 다 망가지기도 했습니다. 하지만 전쟁 직후인 1955년 이규환 감독이 만든 「춘향전」이 큰 성공을 거두면서 영화 제작은 다시 활기를 띠게 됩니다. 영화가 전쟁의 상처를 달래 주는 역할을 하면서 한국 영화는 이후 최고의 전성기, 황금시대를 맞이하게 되지요.

한 해에 212편이 만들어지다

이 당시에는 매년 100편 이상의 영화들이 제작되었습니다. 1968년에는 212편이 제작되어 가장 영화가 많이 제작된 해로 기록되어 있지요. 요즘 매년 60~70편 정도의 영화가 제작되는 것과 비교해 보아도 얼마나 많은 수인가를 짐작할 수 있습니다. 이 시기의 대표 감독으로는 신상옥, 유현목, 김기영 등이 있습니다. 홍콩을 비롯한 동남아시아 국가들에서 우리나라에 영화 제작을 배우러 오는 영화 인재들이 많았고, 공동 제작을 원하여 국제 교류도 활발했다고 합니다.

저물어간 황금기와 다시 도약하는 한국 영화

한국 영화의 황금기는 70년대에 급격히 사그라들고 맙니다. 정부가 어떤 영화를 만드는지 간섭하고 감시하면서 영화 감독들이 자신의 뜻대로 영화를 만들기 힘들어졌기 때문입니다. 그래서 제작되는 영화 수도 줄었지요. 1980년대까지 한국 영화의 침체기가 계속되다가 1990년대가 되면서 우리나라 영화계는 새로운 발전의 계기를 마련하게 됩니다. 영화 제작 시스템이 변화하면서 질 좋은 영화들이 생산됐고 다시 관객들이 한국 영화를 찾게 되었습니다.

최초 1백만 관객 동원 영화

1990년대에 한국 영화 사상 최초로 1백만 관객을 동원한 영화가 등장했습니다. 바로 1993년 4월 단성사에서 개봉한 임권택 감독의 「서편제」입니다. 우리의 판소리가 얼마나 아름다운지 느낄 수 있는 영화입니다. 「서편제」는 남도 판소리에 한국적인 한을 다룬 작품으로 한국 영화의 새로운 경지를 개척했다는 평을 받은 작품입니다. 임권택 감독의 다른 영화 「씨받이」 「아제아제 바라아제」 「춘향뎐」 「취화선」 등이 해외 영화제에 진출하면서 우리나라 문화에 대한 자긍심이 커지고 더불어 한국 영화의 세계화도 시작되었습니다.

「서편제」 1993년

TIP 임권택 감독

임권택 감독은 100여 편의 영화를 만들어낸 우리나라 대표 영화감독입니다. 2002년 칸 영화제에서 조선 후기의 화가 장승업의 일대기를 그린 영화 「취화선」으로 감독상을 수상하면서 한국 영화의 위상을 드높였지요.

제2의 부흥기를 맞다

최근에는 영화 관객의 수는 크게 늘었습니다. 우리나라 성인 네 명 가운데 한 명은 한 달에 영화 한 편 이상을 본다고 합니다. 극장의 수가 늘어나고 영화 한 편을 수백 개 스크린에서 동시에 개봉하고 있기 때문입니다. 그리고 무엇보다 한국 영화가 다채로워지고 수준이 높아진 결과라고 할 수 있지요.

영화 관객 1천만 시대

2003년 12월에 개봉한 「실미도」가 처음으로 관객 1천만 명을 돌파한 것을 시작으로 「태극기 휘날리며」 「왕의 남자」 「괴물」 등 1천만 흥행 영화가 잇따라 등장했습니다. 한국 영화의 국내 시장 점유율은 2004년 처음으로 50%를 돌파해서 2011년에는 51.9%를 기록하였습니다. 초특급 할리우드 영화에도 지지 않는 한국 영화의 힘, 대단하지요?

한국 영화 최다 관객 동원 BEST 10   (2016년 8월 15일 기준)

순위	제목(개봉년도)	감독	최종 관객수
1	명량(2014)	김한민	1761만 명
2	국제시장(2014)	윤제균	1426만 명
3	베테랑(2015)	류승완	1341만 명
4	도둑들(2012)	최동훈	1298만 명
5	7번 방의 선물(2013)	이환경	1281만 명
6	암살(2015)	최동훈	1270만 명
7	광해, 왕이 된 남자(2012)	추창민	1232만 명
8	변호인(2013)	양우석	1137만 명
9	해운대(2009)	윤제균	1132만 명
10	괴물(2006)	봉준호	1091만 명

한류를 이끈 주역, 한국 영화

'한류(韓流)'는 중국 등 동남아시아로 퍼져나가 인기를 얻게 된 한국 문화를 부르는 용어입니다. 현재 한류는 영화, 드라마, 가요에 이르기까지 영역이 아주 넓지만, 그 시작은 한국 영화가 인기를 끌면서부터입니다. 이제 한류는 아시아를 넘어서 사막의 땅 중동과 남미, 그리고 유럽과 아프리카까지 퍼져 나가고 있습니다.

재탄생된 한국 영화

오늘날 한국 영화는 리메이크되어 세계로 뻗어 나가고 있습니다. 리메이크란 기존에 있던 영화, 음악, 드라마 등을 새롭게 다시 만드는 것을 말해요. 남미에서 영화 「미녀는 괴로워」가 리메이크되어 큰 인기를 얻었고, 「엽기적인 그녀」, 「올드보이」 등도 리메이크 되었습니다.

TIP 한류가 K-Pop으로 이어지다

한류는 가요로 이어져, 아이돌 가수들을 중심으로 한 한국 가요가 K-Pop이라는 이름으로 큰 인기를 누리고 있습니다. 최근 프랑스 파리에서 K-Pop 가수들의 콘서트가 성황리에 마쳤다는 소식도 있지요.

4장
영화, 누가 만드나

영화를 만드는 사람들

영화는 많은 사람들이 힘을 합하여 만드는 종합 예술이기 때문에 영화를 만들기 위해서는 여러 가지 역할을 맡을 사람들이 필요합니다. 각자의 역할에 대해서 알아보고 훌륭한 영화인이 되려면 어떤 준비가 필요한지도 생각해 봅시다.

감독

촬영 현장에서 보면 모니터 화면 앞에 앉아 "레디, 액션!"을 외치는 사람이 있습니다. 그 사람이 바로 감독입니다. 감독의 외침 소리가 들리면 카메라가 움직이고 배우들이 연기를 시작합니다.

감독이 하는 일

한 장면이 끝나는 신호 역시 감독의 입에서 나옵니다. "컷" 사인이 울리기 전까지는 연기와 촬영을 멈출 수 없습니다. 배우는 계속 눈물을 흘리고 있어야 하고, 카메라는 촬영을 계속해야 합니다. 이렇게 촬영된 장면들 중 필요 없는 장면을 빼고, 자연스럽게 이어 붙이는 편집 작업을 지휘하는 것도 감독의 일입니다. 흔히 연극을 배우의 예술이라고 하고 영화는 감독의 예술이라고 이야기합니다. 그만큼 영화감독에게 무한한 책임이 있다는 뜻입니다. 작품이 얼마나 훌륭하게 완성되었는가 뿐만 아니라 관객들의 지지를 받는 성공작이 되느냐 아니냐 역시 감독에게 달려 있습니다.

유명 감독

어린이들에게 가장 유명한 감독은 「쥬라기 공원」 「틴틴 : 유니콘 호의 비밀」 등을 만든 스티븐 스필버그가 아닐까요. 스필버그는 초등학교 때부터 가정용 카메라로 영화를 찍기 시작하여 13살에 공식적으로 단편 영화를 발표했고, 1972년 TV 영화 「대결」 이후 많은 영화를 만들어 할리우드의 아이콘이 되었습니다.

TIP 통조림을 폭발시킨 스필버그

어린 시절 스필버그는 영화를 촬영해야 한다면서 엄마를 졸라 버찌 통조림 30통을 사달라고 했다고 해요. 그리고 압력솥에 그것을 넣고 폭발시켰지요. 버찌가 부엌 사방으로 튀어 마치 피가 가득 흘러나오는 것처럼 보이는 장면을 찍기 위해서였습니다. 이후 몇 년 동안이나 부엌에서 버찌 찌꺼기가 나와 치우느라 고생했다고 합니다. 스필버그의 엉뚱한 어린 시절이 있었기에 지금처럼 뛰어난 감독이 될 수 있었겠지요?

감독이 되려면

영화감독이 되기 위해서는 대학의 영화학과를 졸업하는 방법도 있지만, 방송이나 뮤직 비디오 등 영상을 다루는 일을 하다가 감독이 되는 경우도 있고 영화와는 거리가 먼 기초 학문을 공부하고 교양을 쌓은 후 되기도 합니다. 우리나라도 국세직인 감독을 여러 명 배출했는데, 칸 영화제 심사위원 대상을 받은 박찬욱 감독은 대학에서 철학을 공부하고 감독이 된 경우이고, 김기덕 감독은 독학으로 미술을 공부하고 감독이 되었습니다.

시나리오 작가

영화는 시나리오로부터 시작합니다. 시나리오란 영화를 만들기 위해 쓴 각본으로 이야기를 담고 있습니다. 장면이나 장소의 이동, 배우의 행동, 대사 등이 자세하게 표현되어 있지요. 작가나 감독의 머릿속에서 탄생한 멋진 영화 아이디어는 약 2시간 분량의 이야기로 꾸며지는데, 이 일을 하는 사람을 시나리오 작가라고 부릅니다.

시나리오 작가의 작업

시나리오는 각 장면을 가능한 한 생생하게 묘사해야 합니다. 예를 들어 소설의 경우 "수지는 화가 났다"라고 써도 되지만, 시나리오는 수지가 화가 난 것을 표현하는 방법이 묘사되어야 합니다. 수지가 화가 나서 장난감을 던졌는지, 아니면 엉엉 울었는지, 아니면 방문을 쾅 닫아버렸는지를 묘사해야 합니다. 시나리오의 목적은 영화를 만드는 데에 있기 때문이지요. 시나리오를 바탕으로 조명, 미술, 의상, 분장 및 특수 효과의 각 팀은 시나리오를 시각적으로 표현하기 위해 준비하고, 배우들은 각기 자기가 맡은 배역을 연구하지요.

시나리오 작가가 되려면

시나리오 작가 역시 대학교 영화학과에서 시나리오를 공부하여 될 수 있지요. 하지만 희곡 작가나 소설가가 된 후 시나리오 작가를 겸하는 경우도 많습니다. 대표적으로 「미러마스크」「베오울프」의 시나리오를 쓴 영국의 닐 게이먼도 만화가이자, 소설가이지요. 시나리오 작가가 되기 위해선 어린 시절부터 책을 많이 읽는 것이 우선이겠지요?

프로듀서

프로듀서는 우리말로 제작자라고 불리는 사람입니다. 영화를 만드는 일은 적게는 수십 명, 많게는 수천 명이 함께 일을 하는 거대한 작업입니다. 짧게는 1년에서 길게는 5~6년이 걸려 영화 한 편을 만들기도 하죠. 프로듀서는 그런 영화 작업에서 영화를 만드는 모든 사람들과 영화 제작 과정 전체를 책임지는 사람입니다. 어떤 영화를 만들 것인지 결정하고, 이 영화를 함께 만들 스태프와 배우를 정합니다. 영화 제작에 필요한 자금은 어떻게 마련하고, 영화가 완성된 후 벌어들인 돈은 어떻게 배분할 것인가 등에 대한 책임도 집니다.

영화의 상업적 측면을 감독하다

감독이 영화의 예술적인 면을 책임지는 지휘자라고 한다면, 프로듀서는 영화의 상업적인 면을 책임지지요. 감독이 자기 역할을 잘 해낼 수 있도록 돕는 일을 프로듀서가 합니다. 거대한 자본이 움직이는 할리우드 영화의 경우에는 프로듀서가 막강한 힘을 가지고 있고, 프랑스 등 예술성이 강한 나라에서는 감독의 역할이 중요해요. 한국의 경우, 감독과 프로듀서가 비슷한 균형을 이루고 있습니다.

유명 제작자

통쾌한 해적 영화 「캐리비안의 해적」 시리즈와 미국 드라마 「CSI」의 공통점은 모두 제작자가 제리 브룩하이머라는 사실입니다. 브룩하이머가 그동안 제작한 영화·비디오·음반의 총 수익금은 145억 달러(약 17조 원)가 넘고, 그의 영화는 아카데미상에 35편이나 후보로 올랐고, 그중 5편이 상을 받았습니다. 영화 프로듀서가 되는 방법은 감독이나 시나리오 작가가 되는 길보다 더 다양해요. 브룩하이머는 광고를 제작하다가 영화계로 온 사람입니다.

배우

영화 속에는 등장인물이 있습니다. 실제로 우리 곁에 있는 인물들이 아니지만 우리는 영화 속의 등장인물을 친구처럼, 형제처럼 느끼기도 합니다. 꾸며진 캐릭터를 생생하게 연기하는 배우 덕분에 가능한 일입니다.

배우의 연기 연습

오디션을 통해 영화의 배역을 맡게 된 배우는, 먼저 시나리오를 통해서 자기가 맡은 배역이 어떤 인물인지를 연구합니다. 영화 속에서 자기가 말해야 하는 대사를 외우고 자연스럽게 말할 수 있을 때까지 되풀이해서 연습합니다. 배우가 해야 할 일은 대사 외우기뿐만이 아닙니다. 배역이 정해진 날부터 배우는 원래의 자기 모습은 버리고 영화 속의 배역으로 살아가기 위해 노력합니다. 평소 아무리 깔끔하고 멋진 모습의 배우라고 하더라도 거지 역을 맡았다면 더러운 옷에 익숙해지고 길거리에 떨어진 것도 주워 먹을 수 있어야 합니다. 배우들의 이런 노력 덕분에 우리는 영화 속의 인물들을 자연스럽게 받아들이고 생생하게 느끼게 됩니다.

배우가 되는 법

배우가 되는 방법은 크게 두 가지가 있습니다. 영화학과에서 배우 수업을 받거나 혹은 연극에서 기초를 쌓고 영화 연기자가 되는 것입니다. 할리우드의 경우, 1930년대부터 체계적인 영화배우 교육이 정립되었고 그 교육 과정을 통해 말론 브란도, 제임스 딘, 알 파치노 같은 명배우들이 많이 탄생했습니다. 길거리 캐스팅이라고 해서 길을 지나다가 우연히 감독이나 기획사 관계자의 눈에 띄어 갑자기 스타가 되는 길도 있습니다. 하지만 좋은 배우가 되려면 그만큼 체계적인 교육이 필요하답니다.

 **나는 영화배우다!**

> 영화배우들은 역할에 몰입하기 위해 영화 속에서 자기가 맡은 배역이 입을 옷을 미리 달라고 해 평소에도 입고 다니기도 합니다. 배우 설경구가 대표적이지요. 설경구는 영화「오아시스」촬영을 준비하면서, 친구 결혼식에 낡은 트레이닝 복을 입고 떡 진 머리로 나타나서 주변 사람들을 놀라게 하기도 했답니다. 또 영화「역도산」에서는 프로 레슬러 역할을 맡아 6개월 만에 체중을 20kg가량 늘리기도 했지요. 영화배우가 자기가 맡은 역할에 얼마나 열심인지 잘 보여 주는 예이지요.

촬영 감독

영화는 카메라와 함께 탄생한 예술이기 때문에 무엇보다도 카메라로 촬영하는 일이 중요합니다. 이 과정 전체를 책임지는 사람이 촬영 감독입니다. 촬영 감독은 감독과 의논하여 어떤 분위기, 어떤 스타일로 영화를 찍을지를 먼저 정합니다. 촬영이 시작되기 전, 카메라 팀은 미리 약속된 촬영 장소에 도착하여 그날 촬영해야 하는 장면들을 위해 어디에다 카메라를 둘 것인지 살펴봅니다. 그리고 난 뒤 가장 적절한 카메라 위치를 정한답니다. 그리곤 감독의 사인에 따라 배우가 연기를 시작하면 배우의 움직임과 배경을 카메라에 담습니다. 그렇게 촬영된 장면 하나 하나를 이어 붙이면 실제의 모습처럼 움직이는 영상이 완성되는 것이지요.

유명 촬영 감독

감독에게만 거장이라는 말을 붙이는 것은 아닙니다. 가령, 스웨덴의 전설적인 촬영 감독이자 영국과 미국 아카데미상을 동시에 받은 스벤 닉비스트에게도 거장이란 말을 붙입니다. 그만큼 촬영이 영화에서 큰 비중을 차지한다는 말입니다.

촬영 감독이 되는 방법도 다양합니다. 「캐리비안의 해적」 시리즈 4편 모두를 촬영한 폴란드 출신의 다리우스 월스키 촬영 감독은 100편이 넘는 뮤직비디오를 찍었으며, 세계적인 CF 감독들의 작품도 촬영하여 경험을 쌓은 뒤 영화 촬영 감독이 된 경우입니다.

조명 감독

휴대 전화로 친구의 모습을 찍거나 자기 모습을 스스로 촬영할 때 인물이 아주 어둡게 나오거나 아니면 반대로 허옇게 바랜 듯이 찍힌 경험이 있을 겁니다. 이 모든 것이 빛 때문입니다. 따라서 좋은 화면을 위해 빛의 양과 방향을 잘 계산하는 것이 아주 중요한데 이 일을 하는 사람이 조명 감독입니다.

빛으로 만드는 예술

야외에서 태양광을 주로 이용하여 촬영할 때 조명 감독은 태양이 촬영 장소와 인물을 어떤 각도로 비추는지를 계산해야 합니다. 만약 촬영 장소가 실내이거나, 아니면 촬영을 위해 만든 세트 내부일 경우에도 조명을 적절한 위치에 설치하여야 합니다. 빛을 잘 이용하여 찍은 영화의 화면은 실제 생활에서는 볼 수 없는 환상적이고 아름다운 장면을 보여 줄 수 있지요.

미국에는 없어요

미국에는 조명 감독이 따로 없어요. 조명을 담당하는 사람을 개퍼(Gaffer)라고 부르며 촬영 감독의 지시를 받습니다.

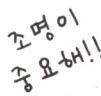

음향 감독

영화 속에는 갖가지 소리들이 들어 있습니다. 영화에 소리를 담는 사람이 음향 감독입니다. 가장 중요한 배우의 대사 외에도 화면의 생생함을 전달하기 위해 빗방울 떨어지는 소리나 바람 소리와 같은 실제의 소리를 담기도 하는 사람입니다. 또 영화의 분위기나 등장인물의 감정을 전달하기 위해 오리지널 사운드 트랙(OST)이라고 불리는 아름다운 음악이나 노래를 넣기도 합니다. 「아바타」의 나비족의 언어처럼 세상에 존재하지 않는 언어를 새로 만들어 내야 하는 경우도 있습니다.

유명 음향 감독

음향은 특히 SF나 판타지 등 특수 효과가 필요한 영화에서 더욱 빛을 발하고 있습니다. 크리스토퍼 보이즈는 「킹콩」으로 아카데미 음향상을 받았고, 2011년에는 인간의 기억 속의 세계를 그린 영화 「인셉션」에서 기억 속의 소리를 독창적으로 만들어 내어 음향상과 음향편집상을 받았습니다.

음향 감독이 되는 법

음향 감독이 되기 위해선 우선 음악에 대한 편견 없이 다양한 음악을 들어야 합니다. 그리고 음향 시스템에 대한 기술적인 지식을 습득하고 음향 기기를 다룰 줄 알아야 하지요. 대학의 음향 관련 학과를 졸업하거나, 학원, 방송 아카데미에서 교육을 받아 음향 감독이 될 수 있답니다.

세트 및 미술 감독

영화의 배경으로 등장하는 공간은 실제의 장소를 빌려서 사용하기도 하고, 자연 그대로의 배경을 사용하기도 합니다. 하지만 환상의 공간이어서 새로 만들 수밖에 없는 「해리 포터」의 호그와트 학교나 킹콩이 사는 섬 같은 공간은 세트를 만들어서 사용하기도 합니다. 이 과정을 책임지는 사람이 미술 감독입니다. 세트 외에도 화면에 등장하는 모든 소품과 배우의 의상 등의 색감을 어울리게 만드는 것 역시 미술 감독의 역할입니다.

미술 감독의 비중이 커지다

영화를 제작하는 데 미술 감독의 중요성도 갈수록 커지고 있습니다. 영화 「에이리언」의 세트와 괴물을 창조한 H.R. 기거 감독의 경우를 보면 미술 감독의 비중이 얼마나 커졌는지 잘 알 수 있습니다. 원래 직업이 미술가인 기거 감독은 독특한 영화 세트를 만들어 영화를 크게 성공시켰지요. 그 결과 영화 사전에 '기거리스크(Gigeresque)' 즉 '기거답다'라는 단어까지 생겼을 정도지요.

미술 감독이 되는 법

영화 미술 감독이 되기 위해서는 먼저 훌륭한 미술가가 되어야 합니다. 그리고 포토샵이나 일러스트레이터, 오토캐드 등과 같은 컴퓨터 프로그램은 기본적으로 다룰 줄 알아야 합니다. 그 외에도 시나리오를 분석하는 법이나 공간을 이해하는 법 등 다양한 능력을 키워야 훌륭한 미술 감독이 될 수 있답니다.

특수 분장 및 특수 효과 기술자

영화의 등장인물이 현실에서 찾아볼 수 없는 존재인 경우가 있습니다. 판타지 영화에 흔히 등장하는 괴물이라거나, 신화 속에 존재하는 상상의 동물과 같은 것들입니다. 이런 독특한 등장인물을 창조하기 위해서는 특수 분장이나 특수 효과가 사용된답니다.

분장 기술의 과거와 현재

예전에는 영화에 괴물이 등장하는 경우, 배우가 특수 분장과 의상을 통해서 괴물로 변신하는 방법이 유일했습니다. 하지만 요즘은 배우의 연기와 컴퓨터 그래픽을 모두 이용하여 새로운 캐릭터를 만들어 냅니다. 「반지의 제왕」의 골룸이나, 「킹콩」의 킹콩이 이런 기법으로 만들어졌어요. 골룸이나 킹콩의 섬세한 표정 연기는 실제 배우의 얼굴에 컴퓨터 칩을 붙여 가져 왔고, 실제로는 존재하지 않는 골룸의 모습이나 킹콩의 거대한 몸집은 컴퓨터 그래픽의 도움을 받은 것이지요.

 **TIP 있다고 상상해!**

> 배우 없이 컴퓨터 그래픽으로 괴물을 만들어 내기도 합니다. 한국 영화 「괴물」에 나오는 괴물은 온전히 컴퓨터 그래픽으로 만들어진 것입니다. 이때 배우들은 허공에 괴물이 있다는 상상을 하면서 연기를 해야 하기 때문에 어려움을 겪으며 촬영하지요.

특수 효과의 대가

자동차의 폭파 장면이나 지붕 위를 날듯이 움직이는 무림 고수의 움직임 같은 것은 특수 효과의 도움을 받게 됩니다. 「아바타」 같은 판타지의 세계를 그린 영화들이 큰 성공을 거두면서 점점 더 중요해지는 분야가 특수 효과입니다. 여러분에겐 「반지의 제왕」, 「킹콩」 등에서 특수 효과를 담당한 리처드 테일러 경이 친숙할 거예요. 오크족이나 골룸 등을 창조한 사람이 리처드 테일러 경이지요. 테일러의 특수 효과 덕분에 우리는 영화를 더 실감나게 볼 수 있었어요. 그보다 앞서서 활동한 특수 효과의 대가는 스탠 윈스턴입니다. 윈스턴은 「에이리언」, 「터미네이터」, 「쥬라기 공원 3」의 특수 효과를 담당했고, 「배트맨 2」에서는 펭귄맨의 특수 분장을 담당하기도 했습니다. 윈스턴은 특수 효과를 내는 데 실력이 뛰어나 표현의 마술사로 불렸고, 특수 효과의 전설 같은 인물이랍니다.

2006년에 열렸던 제10회 부천 판타스틱영화제에 리처드 테일러 경이 방문했습니다. 테일러는 즉석에서 자원봉사자 한 명을 「반지의 제왕」에 나왔던 오크족으로 분장하는 시범을 보여 많은 사람들이 즐거워했지요. 리처드 테일러 경은 아카데미 기술부문 5개상을 수상할 정도로 뛰어난 특수 효과 기술을 가지고 있답니다.

▲ 오크 분장 시범을 보이는 리처드 테일러 경

특수 효과 전문가가 되려면

특수 효과를 공부하기 위해서는 특수 효과 전문 아카데미에 입학하거나 특수 효과 전문 회사에서 직접 기초부터 경험을 쌓아야 한답니다.

콘티 작가

영화는 촬영에 들어가기 전에 꼼꼼한 준비 작업이 필요합니다. 특히 시나리오에 나와 있는 각 장면들을 어떤 그림으로 나누어 찍을 것인지를 미리 결정하는 것이 중요합니다. 영화를 시각적으로 미리 보기 위한 작업을 콘티뉴이티(Continuity), 줄여서 콘티라고 합니다. 마치 만화처럼 네모난 칸 안에 나누어 찍을 장면들을 순서대로 그린 것이지요. 콘티를 보면 촬영할 장면에서 배우와 배경이 어떤 크기로 들어가는지와 카메라의 각도는 어떤지 등을 알 수 있습니다.

 **TIP 동영상으로도 만들어요**

콘티는 보통 종이 위에 그림으로 그리지만 예외도 있습니다. 피터 잭슨 감독은 「반지의 제왕」 시리즈를 준비하면서 립스틱 카메라라고 불리는 소형 카메라를 이용하여 동영상 콘티를 만들었다고 합니다.

콘셉트 디자이너

판타지 대작 영화의 제작이 많아지면서 콘셉트 디자인이 특히 중요해지고 있습니다. 「킹콩」처럼 현실에는 존재하지 않는 킹콩 섬에는 어떤 종류의 식물이 살고 있을 것이며, 그 섬은 어떻게 생겼을까? 이런 궁금증을 해결해 주기 위한 그림 작업을 하는 사람들이 콘셉트 디자이너들입니다. 영화 전체 화면에 대한 콘셉트를 정하고 그것과 조화를 이루도록 장면을 정하기 위해 수천 장의 그림을 그리기도 합니다. 주로 전문적으로 미술 공부를 한 사람들이 이 일에 종사합니다.

편집 기사

콘티에 그려진 대로 촬영한 화면을 순서에 맞게 이어 붙이는 작업을 편집이라고 하고 그 일을 하는 사람을 편집 기사라고 합니다. 영화 한 편에 들어가는 각 장면의 수는 영화의 종류에 따라 크게 달라집니다. 움직임이 빠른 액션 영화의 경우에는 수천 장면이 필요하며, 멜로드라마와 같이 잔잔한 영화는 수백 장면인 경우도 있습니다. 또 감독의 독특한 세계를 강조하는 예술 영화의 경우에는 더 적은 수의 장면이 사용되기도 합니다.

그 외 영화 관련 작업

그 외에 배우의 캐릭터를 완성시켜 주는 의상과 분장 담당자, 소품 담당자, 영화가 완성된 후 더 많은 관객이 영화에 관심을 가지도록 영화를 알리는 홍보 담당자 등이 있습니다. 그리고 영화 전문 변호사도 있는데, 두 나라 이상이 모여서 영화를 만드는 국제 공동 제작 영화의 경우에는 계약서가 아주 중요하기 때문에 변호사의 도움을 받아야 합니다.

1세대 콘티 작가 인터뷰

강숙은 현재 활동하는 콘티 작가 중 가장 먼저 콘티 일을 시작한 사람입니다. 13년 동안 30여 편의 영화 콘티를 그렸지요. 콘티란 영화의 화면을 그림으로 먼저 그려서 영화 제작을 쉽게 해 주는 일입니다. 인터뷰를 통해 콘티의 세계에 대해 알아볼까요?

Q : 콘티란 무엇인지 설명해 주세요.
A : 콘티는 영상을 만들기 위한 밑그림입니다. 길을 찾아갈 때 사용하는 지도처럼 영화를 만드는 데 필요한 지도와 같지요.

Q : 데뷔작은 무엇인가요?
A : 처음 작업을 한 영화들이 투자 유치에 실패하거나 제작 과정에서 중단되면서 데뷔가 늦어졌습니다. 10편 쯤 아픔을 겪다가 2003년 김지운 감독의 「장화, 홍련」으로 데뷔했습니다.

Q : 영화 작업 중 콘티 작가의 특별한 역할이 있다면 뭘까요?
A : 먼저 감독과 교류하여 콘티 작업을 하고 그 작업을 통해서 감독과 다른 스태프 사이의 간격을 좁혀 주는 역할입니다.

Q : 콘티 작가라는 직업의 장점을 소개해 주세요.
A : 새로운 시나리오를 받고 작업을 시작할 때마다 늘 새로운 삶을 사는 느낌입니다. 슬픈 영화 작업을 할 땐 우울하고 코미디 영화 작업을 하면 늘 웃게 되지요. 함께 일하는 감독들의 스타일도 다양하기 때문에 많은 경험을 할 수 있습니다.

Q : 좋은 영화인이 되려면 어떻게 해야 할까요? 본인의 경험을 통해 들려주신다면요?
A : 저는 경험주의자입니다. 뭐든 경험을 통해서 배우려고 늘 노력합니다. 근데 그렇다고 해서 산만하게 이것저것 마구 경험하라는 뜻은 아닙니다. 한 가지 일을 깊게 경험해 보는 것이 중요합니다. 한 가지 일을 깊이 경험해 보면 비슷한 분야의 다른 일을 쉽게 이해할 수 있습니다. 매일 관심 있는 일을 한 시간씩만 한다면 고갯마루에 설 수 있습니다. 저 역시 콘티 작가를 시작한 이후 그림 그리기를 하루도 거른 적이 없는 것 같습니다.

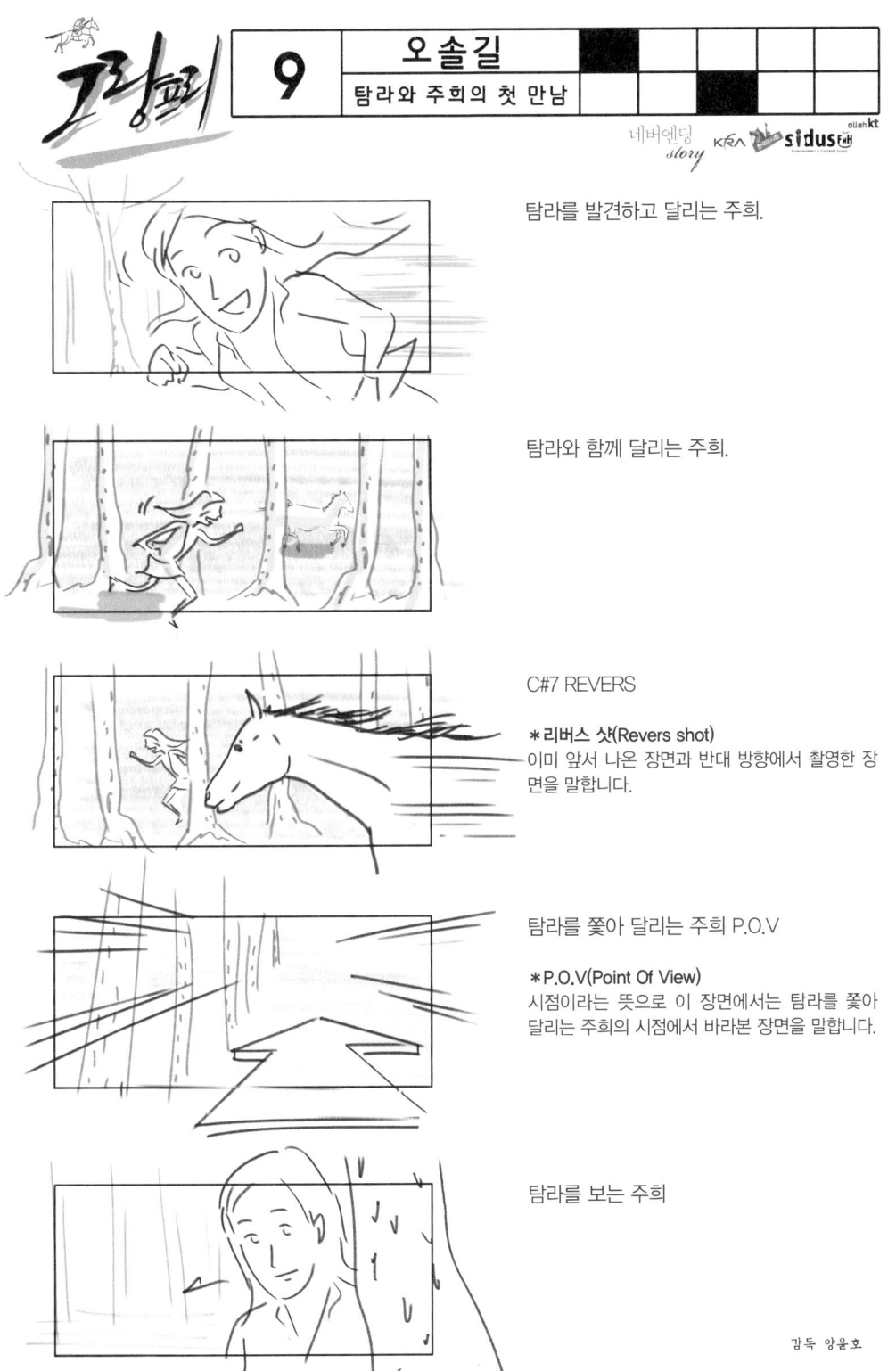

영화, 누가 만드나 65

5장

영화, 어떻게 만들어지나

영화는 어떻게 만들까

영화 제작의 단계는 세 가지로 나눌 수 있습니다. 사전 작업이라고 불리는 준비 단계와 실제 촬영을 진행하는 촬영·제작, 그리고 촬영이 끝난 필름을 현상하고 편집하여 관객과 만날 준비를 마치는 후반 작업입니다.

TIP 철저한 준비만이 살 길!

보통 영화는 제작하는 데에 많은 비용이 필요합니다. 그렇기 때문에 사전 준비 작업이 굉장히 중요해요. 준비를 철저하게 해야 촬영 단계의 실수를 줄이고, 제작비도 줄일 수 있지요.

사전 작업

아이디어의 발굴과 기획부터 시나리오 작업, 배우 캐스팅, 촬영 장소 선정, 투자자를 구하는 일 등 촬영에 필요한 기초 작업을 하는 것을 사전 작업, 프리 프로덕션(Pre-production)이라 합니다. 프리 프로덕션 단계에서 모든 준비가 완벽하게 되어 있어야 촬영이 수월해지지요.

아이디어의 탄생 – 빈 종이 위에 그려지는 아이디어

거대한 제작비와 총 제작 기간 7년이 걸린 「아바타」 같은 영화도 맨 처음의 시작은 조그만 아이디어였을 것입니다. 어느 날 문득 감독이나 작가 혹은 프로듀서의 머릿속에 아주 작은 아이디어가 떠오릅니다. '지구 밖에 외계 행성이 있어. 산소가 없어서 사람은 살 수 없지만 아주 귀중한 광물 자원이 매장되어 있는 곳이지. 영화의 배경은 미래이고, 지금보다 훨씬 과학이 발달하여 인간을 대신할 수 있는 아바타를 그곳에 보낸다면 어떨까?' 이 아이디어를 들은 주위의 동료들이 그것 참 재밌겠군! 하고 격려를 보내면 작업은 구체화됩니다. 먼저 이야기의 줄거리를 만들고 시나리오를 써야 합니다. 감독이 스스로 줄거리를 쓰기도 하고, 적당한 작가를 찾아서 일을 맡기기도 합니다.

작은 아이디어가 영화가 되기까지

시나리오 작가들이 완성된 시나리오를 들고 영화사의 문을 두드리면, 프로듀서와 감독이 작품을 검토하고 마음에 들면 원작료를 내고 사들입니다. 시나리오를 사들인 다음에는 시나리오의 장점은 살리고 단점은 고치는 수정 작업이 시작됩니다. 떠오른 작은 이야기의 씨앗이 잘 자라나서 2시간이 넘는 이야깃거리가 되는 것이지요.

본격 시나리오 작업

시나리오는 감독, 프로듀서 등 여러 명의 의견이 모여서 완성됩니다. 이런 이유 때문에 할리우드 영화의 엔딩 크레디트를 보면 작가의 이름이 십여 명에 이르기도 합니다. 시나리오가 완성되면 영화의 각 분야를 담당하는 사람들은 시나리오를 열심히 읽고 촬영할 준비를 합니다.

리메이크 영화

이미 만들어진 외국 영화의 판권을 사서 한국 영화로 다시 만들거나, 옛 한국 영화를 현재의 눈높이에 맞게 다시 만들기도 하는데 이를 리메이크 영화라고 합니다. 피터 잭슨 감독은 어린 시절 흑백 영화 「킹콩」(1933)을 보고 영화감독의 꿈을 키웠는데, 결국 어린 시절의 꿈대로 2005년도에 이 작품을 리메이크한 작품을 발표했지요.

TIP 시나리오를 발굴하는 눈

모든 시나리오가 바로 영화로 제작되는 것은 아닙니다. 관객 800만 명이 넘은 영화 「친구」의 시나리오는 재미없다는 이유로 열 번 넘게 거절 당한 끝에 만들어졌습니다. 「반지의 제왕」의 감독 피터 잭슨도 대여섯 번의 거절 끝에 제작 파트너를 만났지요.

만화나 소설을 영화화

시나리오는 창작 외에도 영화로 만들면 어울릴 것 같은 소설이나 만화를 골라 영화에 맞게 고쳐서 만들기도 합니다. 이 경우 역시 영화화하기로 결정된 작품은 여러 번의 수정 작업을 거치면서 감독의 의견이나 프로듀서의 의견 등을 반영하여 시나리오가 완성됩니다. 최고의 히트작, 판타지 영화 「해리 포터」 시리즈도 1997년에 출간된 영국 소설가 조앤 K.롤링의 소설이 먼저 큰 인기를 얻은 후 영화화된 예입니다. 만화 시장이 큰 일본은 만화를 영화화하는 경우가 많습니다. 클래식 음악을 소재로 한 「노다메 칸타빌레」도 만화 원작을 시나리오로 각색한 경우입니다.

콘티 만들기

이야기인 시나리오를 영상으로 바꾸기 위해 그리는 것이 콘티입니다. 콘티 작가는 시나리오를 바탕으로 콘티를 그립니다. 한 장면을 찍을 때 카메라의 위치와 움직임, 인물의 동작, 대사, 배경 등이 콘티에 모두 꼼꼼하게 표시되어 있어야 합니다. 이 콘티를 보고 촬영 전에 미리 감독과 촬영 감독 등이 회의를 통해 의견을 조율하지요.

TIP 콘티 구성에서 중요한 점

콘티를 그릴 때 가장 중요한 것은 이야기를 자연스럽고 재미있게 전달하기 위한 화면의 구성입니다. 배우가 슬픔이나 기쁨과 같은 중요한 감정을 연기하고 있거나 대사를 말하고 있다면 배우의 얼굴을 카메라 속에 크게 담아야 하고, 그 배우가 있는 장소를 설명해야 할 때는 배경과 배우를 함께 잡아 주어야 합니다. 또 여러 명의 배우가 등장할 때는 어떤 순서로 배우들을 보여 줄 것인가를 정해야 하고, 배우가 움직인다면 카메라는 그 움직임을 어떻게 따라가면서 보여 줄 것인가 등도 정해서 콘티에 표현합니다.

소설과 시나리오의 차이

소설과 시나리오는 서술 방법이 달라요. 소설은 문장으로 인물의 심리나 행동을 서술하지만 시나리오는 지문으로 인물의 심리나 행동을 표현하지요. 소설에서는 인물이 한 말은 대화글로 표현되지만 시나리오는 대사로 처리되어요.

소설 『해리 포터와 비밀의 방』

처음은 아니었지만, 프리벳가 4번지의 아침식사 시간은 말다툼으로 떠들썩했다. 버논 이모부가 조카 해리의 방에서 이른 아침부터 시끄럽게 울어대는 부엉이 소리 때문에 잠에서 깬 것이다.
"이번 주만도 벌써 세 번째다!"
그가 식탁을 앞에 두고 고함을 질렀다.
"저 부엉이 조용히 못 시키면, 당장 내다 버려!"
그러나 해리는 다시 한 번 해명하려고 애썼다.
"심심해서 그래요. 마음대로 날아다니다 집에만 갇혀 있으니까 저러는 거예요. 밤에만이라도 내 보내면……."
"내가 멍청이인 줄 아냐?"
버논 삼촌이 달걀 프라이가 조금 매달린 텁수룩한 콧수염을 들이대며 호통을 쳤다.

영화 「해리 포터」 시나리오

#1. 외경. 프리벳가 – 낮
와이드 앵글 헬리콥터로 찍은 그림.
카메라가 먼 하늘로부터 천천히 내려온다.
지붕 위 풍경을 지나 더 내려온 카메라, 4번지 2층 창.
창가에 앉아 있는 해리 포터의 모습을 발견한다.
#2. 생략
#3. 내부. 해리의 침실. 낮
해리는 스크랩북을 뒤적이다가 론과 헤르미온느의 움직이는 사진을 보고 있다. 꿱! 놀라서 해리, 펄쩍 뛰어오르고, 해드윅은 부리로 새장의 문고리를 쪼아대며 해리를 애원하듯 바라본다.
해리 : 안돼. 해드윅. 학교 밖에서는 마술을 쓸 수 없단 말야. 게다가 버논 삼촌이 알았다간……

배우 캐스팅

시나리오가 완성되면 등장인물의 이미지와 성격에 적합한 배우를 찾아야 합니다. 영화에는 주인공뿐만 아니라 주인공을 받쳐 주는 조연들, 대사 없이 연기하는 단역들, 위험한 장면들을 대신 연기해 주는 스턴트맨까지 아주 많은 배우들이 필요합니다. 역할에 잘 맞는 배우를 캐스팅해야 좋은 영화를 만들 수 있지요.

오디션

배우는 기존의 배우들 중에 선택하기도 하지만 '오디션'을 통해 뽑기도 합니다. 감독이 배역에 적합한 사람들을 심사를 통해 뽑는 것이지요. 오디션 무대에서 참가자들은 시나리오를 보고 연기를 하기도 하고, 여러 가지 즉흥 연기도 보여 주지요. 감독과 프로듀서, 촬영 감독 등이 의견을 모아 배역과 가장 적합한 배우를 정합니다.

가장 어려운 일, 투자자 구하기

영화 한 편을 완성하기 위해서는 큰돈이 필요합니다. 영화에 따라 차이가 있지만, 2010년을 기준으로 한국 영화 제작비는 대략 60~70억 정도 들지요. 물론 전쟁 영화나 액션, 또는 컴퓨터 그래픽 작업이 많이 필요한 판타지 영화의 경우에는 훨씬 더 큰돈이 들어갑니다. 영화 「킹콩」의 경우에는 2억7천 만 달러(약 2,500억 원) 라는 천문학적인 돈이 들었지요. 그러므로 투자자를 구하는 것은 영화 만드는 일에서 가장 어려운 일임에 분명하지요.

제작비를 많이 들인 영화가 성공한다?

영화를 만들 때 충분한 자금이 있다면 분명히 보다 좋은 영화를 만들 수 있지만 제작비를 많이 투자한다고 해서 좋은 영화가 나오지는 않습니다. 많은 돈을 투자했는데 그만큼 영화가 흥행이 되지 않아 손해를 보는 경우도 있고, 적은 돈을 투자했는데 의외로 성공한 경우도 있지요. 「마음이」나 다큐멘터리 영화 「울지마 톤즈」는 비교적 적은 제작비를 들여 성공한 영화의 좋은 예입니다.

 **TIP 오디션을 거쳐 배우가 된 김새론**

영화 「아저씨」에서 인상 깊은 연기를 보여 준 김새론도 오디션을 통해서 배우가 되었습니다. 프랑스 감독 우니 르꽁트의 자전적 이야기, 「여행자」의 주인공으로 발탁되었습니다. 김새론은 아주 훌륭한 연기를 보여 주었고 칸 영화제에도 초청되는 기쁨을 누렸습니다.

촬영·제작

촬영·제작을 하는 프로덕션(Production)은 실제로 촬영에 들어가는 단계를 말합니다. 장소에 따라 야외 촬영, 실내 촬영, 세트 촬영으로 구분됩니다. 시나리오의 시간 순서에 따라 촬영하는 것이 가장 이상적입니다.

감독의 사인에 따라 촬영

감독의 '액션' 사인에 따라 배우가 연기를 시작하면 촬영 감독은 촬영을 합니다. 조명과 음향, 배경, 의상, 특수 효과 등이 시나리오대로 갖추어져 있어야 하지요. 배우는 감독의 '컷' 사인이 나면 연기를 멈추는데, 그러면 한 장면의 촬영이 끝납니다. 하지만 감독의 OK 사인이 나지 않으면 수십 번이라도 같은 장면을 되풀이해서 연기하고 촬영하죠. 영화의 종류에 따라 필요한 장면의 수는 수백에서 수천 장에 이르고, 촬영 기간은 두세 달에서 일 년 이상 등 다양합니다.

영화 촬영 기법

같은 장면이더라도 어떻게 촬영하느냐에 따라 느낌이 크게 달라집니다. 영화의 이야기를 잘 보여 줄 수 있는 화면의 구도나 카메라의 각도를 선택해야 하지요.

롱 샷(Long shot)
등장인물이 있는 배경까지 모두 화면에 보이도록 촬영하는 것을 말해요. 풍경이나 분위기 등을 표현해 주고 시간이나 위치도 알려 주지요.

풀 샷(Full shot)
발끝에서 머리끝까지 인물의 몸이나 사물 전체를 화면에 담는 것을 말해요. 롱샷보다 가까이에서 촬영합니다.

바스트 샷(Bust shot)

인물의 가슴까지 담는 기법으로 인물이 하는 대사나 표정에 집중할 수 있어요. 뉴스나 각종 연설에도 많이 사용되지요.

클로즈업(Close up)

인물의 얼굴이나 사물을 화면이 가득 차게 촬영하는 것을 말합니다. 인물의 감정이나 표정, 그리고 사물의 중요성을 강조할 때 사용합니다.

팬(Pan)

파노라마(Panorama)의 약자로 고정된 카메라를 좌우로 돌려가며 촬영하는 기법입니다.

틸트(Tilt)

카메라의 위치는 고정된 상태에서 카메라를 위아래 수직으로 움직여 촬영하는 기법을 말합니다.

줌 인/아웃(Zoom in/out)

인물이나 사물의 모습을 점점 크게 담는 것을 줌 인이라 하고, 반대로 인물이나 사물을 점점 작게 표현하는 것은 줌 아웃이라 해요.

팔로우 샷(Follow shot)

움직이는 인물이나 사물을 카메라가 따라가면서 촬영하는 것을 말합니다. 현장감과 역동성이 느껴집니다.

TIP 크랭크 인

크랭크 인(Crank in)이란 영화 촬영을 시작하는 것을 말해요. 예전에는 크랭크라고 부르는 촬영기에 필름을 돌리기 위한 손잡이가 있었는데, 크랭크를 돌리기 시작하면 촬영을 시작한다는 의미였지요. 지금은 촬영기에 손잡이가 없지만 여전히 크랭크 인이라는 말을 사용해요. 크랭크 업(Crank up)은 반대로 영화 촬영이 끝났다는 것을 말한답니다.

후반 작업

후반 작업은 포스트 프로덕션(Post-production)이라고도 불리는 단계랍니다. 촬영한 필름을 가지고 편집하고 색을 보정하고, 녹음이나 영화 음악 입히기 등의 마무리 작업을 합니다. 이 단계는 영화의 완성도가 결정될 만큼 중요하지요.

편집

촬영이 끝난 필름은 실험실로 가져가 세척과 인화의 과정을 거칩니다. 그리고 감독이 OK 사인을 낸 장면들을 모아서 이어 붙이는데, 이 과정을 편집이라고 합니다. 비슷한 장면이라도 조금 길게, 조금 짧게, 혹은 더 빠르게, 더 느리게 등 이어 붙이는 방식에 따라 영화의 느낌은 크게 달라집니다.

사운드, 음악 입히기

편집을 마친 영화는 소리와 음악이 입혀지고, 필요에 따라서는 컴퓨터 그래픽 작업도 들어갑니다. 영화의 성격에 맞는 음악이 더해지고 나면 이야기의 흐름도 분명해지고, 영화가 더 아름답고 멋지게 느껴지지요. 그러면 이제 한 편의 영화가 만들어진 것입니다.

개봉, 극장에서 관객과 만나다

영화의 개봉을 앞두고 조금이라도 많은 관객을 만나기 위해서는 홍보 작업이 필요합니다. 미리 시사회를 열어 입소문을 퍼뜨린다거나, 주연 배우들이 텔레비전 예능 프로그램에 나와서 영화 홍보를 하기도 합니다. 요즘에는 소셜 네트워크 서비스(SNS)가 활발해지면서 트위터나 페이스북을 통한 홍보도 많이 이루어지고 있습니다. 또 영화 개봉 첫 주에는 여러 극장에서 영화 상영에 앞서 주연 배우들이 무대에 나와서 관객들에게 무대 인사를 하기도 합니다.

투자금의 분배

전국에 걸친 영화 상영이 끝나고, 외국으로 수출까지 마무리되면 프로듀서는 투자금 배분을 해야 합니다. 영화를 만들기 위해 투자 받았던 제작비를 투자자들에게 돌려주고 이익을 나누어 가지는 절차입니다. 하지만 영화가 흥행에 성공해야 이익을 많이 나눌 수 있지요.

6장

영화, 잘 보면 두 배로 재미있다

영화 감상을 나누어요

영화를 보고 나면 친구들과 그 영화에 대한 의견을 나누는 것도 또 하나의 즐거움이지요. 그럼 영화 감상은 어떻게 하면 될까요? 이야기 흐름에 대해 이야기할 수도 있고 인상 깊었던 장면에 대해 이야기할 수도 있어요. 특수 효과가 멋있다든가 배경이 멋있다든가 배우의 연기에 대해 이야기를 하기도 하지요. 영화를 보고 나눌 수 있는 이야기는 참 많아요.

이야기 중심의 영화 감상

영화를 보고 나면 보통, "그 영화 재미있어?"라고 묻습니다. 그럼 대답하는 사람은 대부분 그 영화의 간단한 줄거리를 설명해 주고, 주인공 배우에 대한 묘사를 곁들입니다. 이야기를 중심으로 감상하는 것은 영화가 이야기 문학으로부터 탄생한 예술이기 때문입니다.

장면 중심의 영화 감상

영화 줄거리와 더불어 기억에 남는 멋진 장면에 대한 묘사도 곁들이기 마련입니다. 장면 중심의 영화 감상은 악당과의 멋진 추격 장면이나, 웅장한 자연을 보여 준 화면, 혹은 사자왕이 죽음을 맞는 장면 등을 이야기하는 것입니다. 영화 속의 각 장면에는 감독의 치밀한 계산에 따른 수수께끼들이 배치되어 있으니 자세히 보면 색다른 재미를 느낄 수 있답니다.

캐릭터 중심의 영화 감상

등장인물들의 성격은 등장인물이 사는 장소, 의상 등을 통해 짐작할 수 있습니다. 힘이 세고 남들을 이끄는 카리스마 있는 인물인가, 아닌가? 착한 사람인가, 나쁜 사람인가? 소심하고 내성적인 인물인가, 아니면 활발한 성격의 사람인가 등을 알 수 있지요. 이런 면을 이야기하는 것이 캐릭터 중심의 영화 감상이죠. 영화 「반지의 제왕」에 나오는 마술사 간달프는 흰 옷을 입고 흰 말을 타고 다닙니다. 그는 위대한 마술사이며, 결단력이 있는 지도자이며, 착한 사람들 편에 서 있지요. 간달프와 대적하여 싸우는 검은 옷의 마술사가 나오는데, 두 인물이 서 있는 장면을 보면 누구라도 검은 마술사가 악당이라고 생각하게 됩니다.

 **TIP** 영화 관람 예절 7

1. 영화는 시작하기 전에 입장하여 자리에 앉아 있어야 합니다.
2. 영화는 조용히 관람해야 합니다. 친구들과 떠들면 다른 사람에게 방해가 된답니다.
3. 휴대 전화는 꺼두는 것이 좋습니다. 영화를 보다가 전화벨이 울리면 영화 관람에 방해가 됩니다.
4. 앞좌석을 발로 차지 않도록 주의하세요.
5. 영화관에 음식물 반입은 가능하지만 냄새가 나는 것은 피하고 조용히 먹어야 해요.
6. 영화관에서 휴대 전화나 카메라로 영화를 촬영하는 것은 불법입니다. 저작권에 위배되는 행동이므로 절대 해서는 안 됩니다.
7. 영화가 끝나면 영화관 불이 켜질 때까지 기다렸다가 차례차례 나옵니다. 자기가 먹은 음식물의 쓰레기들을 들고 오는 것도 잊지 말고요.

영화 감상법

C. S. 루이스의 소설을 바탕으로 만든 영화, 「나니아 연대기 1 사자, 마녀 그리고 옷장」을 통해 영화 감상하는 법을 살펴보기로 해요.

이야기 중심의 감상

런던의 평범한 가정에서 자라던 4명의 남매는 전쟁을 피해 커크 교수의 집으로 피난을 갑니다. 커크 교수의 저택에서 남매들은 숨바꼭질을 하다가 막내 루시는 커다란 옷장 안에 숨고 옷장 너머에 숨겨진 나라를 발견합니다. 언제나 겨울인 옷장 속 나라, 나니아이지요. 그곳에서 루시는 반은 말이고 반은 인간인 폰을 만나서 그의 집으로 초대를 받습니다. 하지만 사실 폰은 하얀 마녀의 명령으로 루시를 데려온 것이지요. 하지만 자신을 믿는 루시를 보고 폰은 양심에 가책을 느껴 루시를 집으로 돌려보내 줍니다. 집으로 돌아온 루시는 남매들과 함께 다시 나니아로 들어가 하얀 마녀에 맞서 싸우는 아슬란이라는 사자왕을 만나게 됩니다. 하얀 마녀가 나니아를 지배하기 전에, 꽃피는 여름이 있고 겨울과 함께 크리스마스가 있던 나니아를 되찾기 위한 4남매와 사자왕의 모험이 시작된 것입니다.

캐릭터 중심의 감상

처음 기차를 타면서 어머니는 4남매에게 행선지가 적힌 이름표를 달아주며 형과 누나의 말을 잘 듣고 서로 떨어지지 말라고 신신당부합니다. 이때부터 남매의 성격이 드러납니다. 피터와 수잔은 형과 누나답게 의젓하고 동생들을 잘 돌보지만 셋째 에드먼드는 말썽꾸러기입니다. 그리고 순진하고 어린 막내 루시가 있습니다. 4남매의 각기 다른 성격 때문에 뭔가 사건이 일어나고, 아마도 에드먼드가 큰 사고를 저지르지 않을까 하는 예감을 갖게 합니다.

장면 중심의 감상

「나니아 연대기 1 사자, 마녀 그리고 옷장」은 판타지 영화이기 때문에 현실에는 없는 얼음으로 뒤덮인 나니아와, 그곳에 사는 환상 속의 여러 인물들을 그려내야 했지요. 그래서 특수 효과, 미술, 컴퓨터 그래픽 팀은 해야 할 일이 아주 많았습니다. 반인반마인 폰의 경우는 실제 배우가 특수 의상을 입고 연기를 했고, 사자왕 아슬란은 컴퓨터 그래픽으로 만들었습니다. 냉혹한 하얀 마녀의 모습과 마녀가 사는 성을 만들기 위해 컨셉트 디자인 팀은 수천 장의 그림을 그려서 감독과 의논해야 했습니다. 사자왕이 이끄는 군대와 마녀 군대의 전투 장면에서 필요한 각종 무기와 갑옷 등도 만들었지요. 이런 노력으로 만들어진 장면들이 실감 났는지 아닌지 이야기 나눌 수 있지요.

TIP 영화 감상문 쓰는 법

1단계 : 제목과 영화 정보 쓰기
영화의 전체적인 느낌을 대표하는 제목을 정하고, 영화 제목, 관람일, 감독, 주연 등 기본 정보를 적습니다. 영화 티켓이나 포스터 사진 등을 같이 붙여도 좋아요.

2단계 : 영화 보게 된 동기 쓰기
어떻게 영화를 보게 되었니를 써요. 예를 들면 강아지를 좋아하기 때문에 강아지가 나오는 「마음이」가 보고 싶었다는 등 영화를 보게 된 계기를 적습니다.

3단계 : 줄거리와 느낌 쓰기
영화의 줄거리를 간단하게 소개하면서 인상 깊었던 장면이나 등장인물에 대한 자신의 느낌을 적습니다.

4단계 : 전체적인 느낌 쓰기
영화를 다 본 후의 전체적인 느낌이나 영화를 통해 깨달은 점을 적습니다.

영화, 아는 만큼 보인다

영화의 역사, 영화 제작 과정을 살펴보고 체험할 수 있도록 도와주는 박물관들이 있습니다. 영화와 관련된 전시물들을 보면서 영화에 대해 더 자세히 알 수 있지요.

한국영화박물관

우리나라 영화의 역사를 한눈에 볼 수 있는 박물관입니다. 1903년부터 현재까지 한국 영화사를 살펴보는 '한국 영화의 시간 여행', 임예진, 강수연, 이영애 등 열두 명의 당대 최고의 여배우를 통해 사회문화사를 짚어 보는 '여배우열전', 30년대 대표적인 극장인 원각사를 모델로 재현한 무성 영화극장, 그 외 영화의 원리와 애니메이션에 대해 알 수 있는 전시물 등이 준비되어 있습니다. 평일에는 하루 1회, 주말에는 2회 전시물들을 해설해 주는 서비스도 이용할 수 있지요.

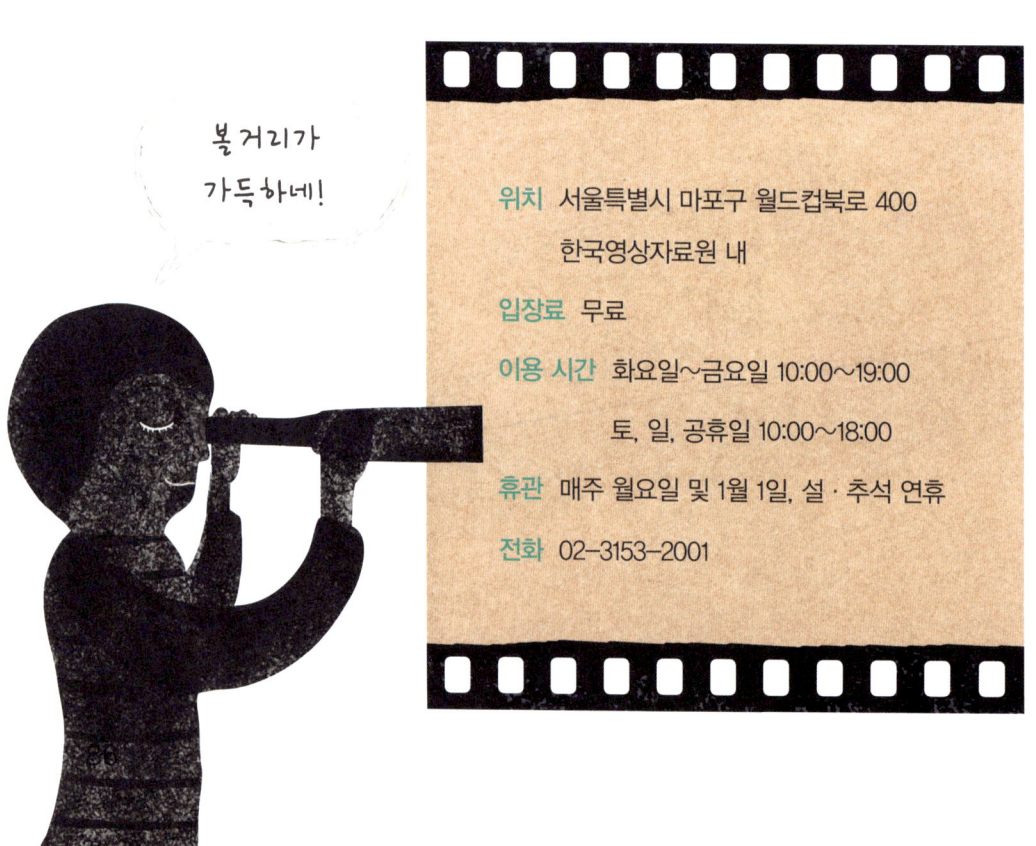

볼거리가 가득하네!

위치 서울특별시 마포구 월드컵북로 400 한국영상자료원 내
입장료 무료
이용 시간 화요일~금요일 10:00~19:00
　　　　　토, 일, 공휴일 10:00~18:00
휴관 매주 월요일 및 1월 1일, 설·추석 연휴
전화 02-3153-2001

제주도 신영 영화박물관

배우 신영균이 만든 사설 영화 박물관으로, 우리나라 최초의 영화 박물관입니다. 영화의 탄생부터 영화 제작 원리, 세계 영화사를 담은 영상물을 관람할 수 있는 영화의 역사관과 각종 영상 촬영 기법을 직접 체험해 볼 수 있는 체험관도 있습니다. 영화 「왕의 남자」 「태극기 휘날리며」 「실미도」에 쓰인 소품들도 볼 수 있고, 야외에는 유명 영화배우들의 실제 크기 모형도 전시하고 있습니다.

위치 제주특별자치도 서귀포시 남원읍 태위로 536
입장료 성인 9,000원 어린이~중고생 8,000원
이용 시간 평상시 10:00~18:00 하절기(7~8월) 10:00~19:00
휴관 매주 월요일 및 설·추석 당일 휴관
전화 064-805-0008

63 빌딩 내 아이맥스 영화관

우리나라 최초의 아이맥스 영화관으로 3D 영화를 실감 나게 감상할 수 있습니다. 일반 영화 화면의 10배 크기의 초대형 스크린과 웅장한 음향이 특징이지요. 요즘은 3D 영화가 많이 늘어났기 때문에 각 멀티플렉스 극장들도 3D 상영관을 갖추고 있습니다.

위치 서울특별시 영등포구 여의도동 63로 50
입장료 성인 12,000원 어린이 11,000원
이용 시간 영화 상영 시간
전화 02-789-5663

남양주 종합촬영소

남양주 종합촬영소는 40만 평의 넓은 공간에 6개의 실내 촬영 스튜디오와 녹음실, 각종 제작 장비 등을 갖춘 영화 제작 시설입니다. 야외 세트장과 야외 소품실 등도 갖추고 있으며, 영화 「취화선」의 이조 시대 마을 세트와 「공동경비구역 JSA」의 제작에 사용된 판문점 세트가 보존되어 있습니다. 그 외에도 SF 애니메이션 「원더풀 데이즈」의 소품과 제작 과정을 보여 주는 미니어처 체험 전시관, 영화의 탄생과 기술 발전 과정을 볼 수 있는 영화문화관, 편집, 음향, 조명, 이미지 메이크업 등 영화의 기초 원리를 참여하여 체험해 볼 수 있는 영상 원리 체험관 등이 있습니다. 그리고 극장 시설이 있어 매달 한 편씩 무료로 한국 영화를 상영하고 있지요. 실내 세트 등지에서 늘 한두 편 이상의 한국 영화가 촬영 중이므로 배우나 스텝들을 볼 수도 있습니다.

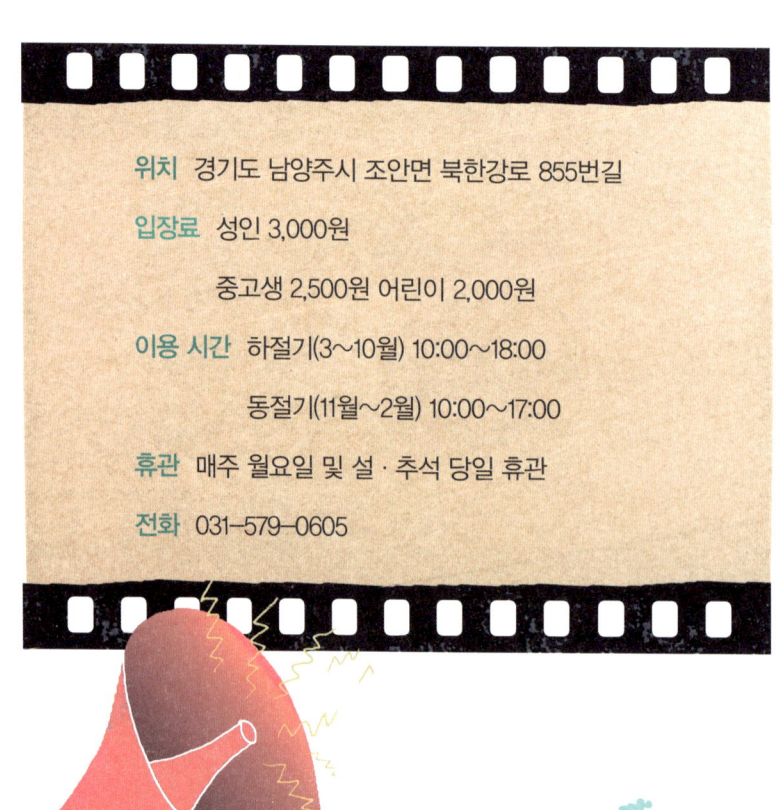

위치 경기도 남양주시 조안면 북한강로 855번길
입장료 성인 3,000원
  중고생 2,500원 어린이 2,000원
이용 시간 하절기(3~10월) 10:00~18:00
  동절기(11월~2월) 10:00~17:00
휴관 매주 월요일 및 설·추석 당일 휴관
전화 031-579-0605

영화를 보기만 한다고? 이젠 영화를 찍자!

많은 사람들이 스마트폰을 사용하게 되면서 이제 누구나 전문적인 지식을 배우지 않고도 영화를 손쉽고 간편하게 만들 수 있게 되었어요. 단순히 영화를 보고 즐기는 시대에서 영화를 직접 만드는 시대가 열린 것이지요.

스마트폰을 사용한 영화 제작 노하우

스마트폰으로 짤막한 영화, 혹은 동영상을 만들려면, 우선 각자의 스마트폰에 맞는 편집 어플리케이션을 다운 받아 가지고 있어야 합니다.
현재 갤럭시에 탑재되어 있는 안드로이드 체계와 애플의 아이폰 등이 대표적인데, 각 스마트폰의 버전에 따라 어플리케이션들이 나와 있습니다. 무료로 사용할 수 있는 것도 있고, 유료인 것도 있지요. 어플리케이션은 앞으로도 더 편리하고 다양한 기능으로 계속 진화할 거예요.

내 영화를 전 세계로!

유튜브 계정을 통해 완성된 영화를 업로드하면 전 세계 어디서건 내가 만든 영화를 감상할 수 있습니다. 내가 만든 영화를 감상하고 세계 곳곳의 친구들이 달아놓은 댓글도 볼 수 있지요. 스마트폰 영화제에 내가 만든 영화를 출품해서 내 실력도 검증해 보아요.

세계 3대 영화제

영화제는 많은 영화를 한자리에 모아 상영하는 행사를 말해요. 가장 높은 지명도를 가진 세계 3대 국제 영화제는 프랑스의 칸 영화제, 이탈리아의 베니스 영화제, 독일의 베를린 영화제가 있습니다.

칸 영화제

프랑스 남부의 휴양 도시 칸에서 1946년 시작되어 매년 5월에 열리는 국제 영화제입니다. 세계 각국의 유명 감독들과 배우들이 참석하지요. 칸 영화제는 국제 영화제 중 최고의 권위를 인정받고 있습니다. 1999년에 임권택 감독의 「춘향뎐」이 우리나라 영화 사상 처음으로 칸 영화제 경쟁 부문에 진출하였고, 2004년에는 박찬욱 감독의 「올드보이」가 심사위원 대상을, 2007년에는 「밀양」의 전도연이 여우주연상을 수상했지요.

베를린 영화제

1951년 창설되어 독일의 수도 베를린에서 매년 2월에 열립니다. 최우수 작품상으로 금곰상을 수여하지요. 그 외에도 감독상, 심사위원 대상, 남녀 배우상인 은곰상을 비롯해 여러 부문에 걸쳐 시상이 이루어지지요. 우리나라는 1961년 강대진 감독의 「마부」가 특별은곰상을, 2004년엔 김기덕 감독이 「사마리아」로 감독상인 은곰상을 수상하였습니다. 그리고 2006년에는 배우 이영애와 '영화사 봄'의 대표 오정완, 서울여성영화제 임성민 수석프로그래머 등 여성 영화인 3명이 심사위원으로 초청되기도 했답니다.

베니스 영화제

1932년 이탈리아의 베니스에서 처음 시작되어 가장 오랜 역사를 갖고 있는 영화제입니다. 매년 8월 말~9월 초에 열리는 베니스 영화제는 비상업적인 예술 영화만을 선택해 시상하는 전통을 가지고 있습니다. 이 영화제의 최고 영예인 그랑프리는 황금사자상으로 불려요. 우리나라에서는 1987년 「씨받이」로 배우 강수연이 여우주연상을 받았고, 2004년에는 김기덕 감독이 「빈집」으로 감독상을 수상했지요. 그리고 2012년 제69회 베니스 영화제에 김기덕 감독의 신작 「피에타」가 공식 경쟁부문에 초청되었답니다.

부산국제영화제

우리나라에서도 국제 영화제가 열린답니다. 1996년 부산에서 처음으로 국제 영화제가 열렸어요. 부산 해운대에서 매년 10월 첫째주 목요일부터 약 9일간 열리지요. 현재 부산 국제영화제는 아시아 최고의 영화제로 자리 잡아 가고 있습니다. 부산국제영화제에 세계 영화인들의 시선이 집중되고 있답니다.

TIP 어린이 영화제

우리나라의 대표적인 어린이 영화제로는 부산국제어린이영화제가 있습니다. 영화제 기간 동안 어린이를 위한 영화 캠프와 바다 영화 상영, 영화 음악제 등 다양한 프로그램이 진행되고, 포스터 공모전 등 어린이 관객들이 참여할 수 있는 행사도 펼쳐지지요. 국제어린이영화제로는 베를린 국제 영화제와 함께 개최되는 베를린 어린이 영화제가 있답니다.

부산국제어린이 영화제 홈페이지 주소
http://www.biki.or.kr/

추천 영화 50선

1. 동물과 함께
- 「마음이 2」 2010년 | 감독 이정철 | 주연 송중기
- 「각설탕」 2006년 | 감독 이환경 | 주연 임수정
- 「워터 호스」 2007년 | 감독 제이 러셀 | 주연 에이미 왓슨

2. 신화와 판타지의 세계
- 「웨일 라이더」 2002년 | 감독 니키 카로 | 주연 케이샤 캐슬 휴즈
- 「비밀의 숲 테라비시아」 2007년 | 감독 가보르 추포 | 주연 조쉬 허처슨
- 「마고리엄의 장난감 백화점」 2007년 | 감독 자크 헬름 | 주연 나탈리 포트만, 더스틴 호프만
- 「박물관이 살아 있다! 1」 2006년 | 감독 숀 레비 | 주연 밴 스틸러, 로빈 윌리엄스
- 「신밧드의 7번째 모험」 1958년 | 감독 네이던 유란 | 주연 리처드 아이어
- 「다크 크리스탈」 1982년 | 감독 짐 핸슨 | 주연 짐 핸슨, 프랭크 오즈

3. 영화로 만나는 다른 나라 아이들
- 「내 친구의 집은 어디인가」 1987년 | 감독 압바스 키아로스타미 | 주연 바하크 아마드 푸
- 「천국의 아이들」 1997년 | 감독 마지드 마지디 | 주연 바하레 세디키
- 「아무도 모른다」 2005년 | 감독 고레에다 히로카즈 | 주연 야기라 유아
- 「연을 쫓는 아이」 2007년 | 감독 마크 포스터 | 주연 체케리아 에브라하미

4. 언제 봐도 즐거운 애니메이션
- 「드래곤 길들이기」 2010년 | 감독 크리스 샌더스, 딘 데블로이즈
- 「센과 치히로의 행방불명」 2001년 | 감독 미야자키 하야오
- 「폴라 익스프레스」 2004년 | 감독 로버트 저메키스
- 「니모를 찾아서」 2003년 | 감독 앤드류 스탠튼
- 「라따뚜이」 2007년 | 감독 브래드 버드
- 「썸머 워즈」 2009년 | 감독 호소다 마모루
- 「마당을 나온 암탉」 2011년 | 감독 오성윤
- 「마리 이야기」 2001년 | 감독 이성강
- 「피리 부는 목동」 1963년 | 감독 테 웨이
- 「은하철도 999 극장판」 1979년 | 감독 린 타로
- 「시간을 달리는 소녀」 2006년 | 감독 호소다 마모루

5. 영화로 보는 원작 소설
- 「황금나침반」 2007년 | 감독 크리스 웨이츠 | 주연 니콜 키드먼
- 「반지의 제왕 시리즈」 2001년~2003년 | 감독 피터 잭슨 | 주연 이안 맥켈런
- 「해리 포터 시리즈」 2001년~2011년 | 감독 크리스 콜럼버스 외 | 주연 다니엘 레드클리프
- 「나니아 연대기」 2005년~2010년 | 감독 앤드류 애덤슨 외 | 주연 조지 헨리
- 「찰리와 초콜릿 공장」 2005년 | 감독 팀 버튼 | 주연 조니 뎁
- 「샬롯의 거미줄」 2006년 | 감독 게리 위닉 | 주연 다코타 패닝
- 「이상한 나라의 앨리스」 2010년 | 감독 팀 버튼 | 주연 조니 뎁
- 「마루 밑 아리에티」 2010년 | 감독 요네바야시 히로마사
- 「꼬마 니콜라」 2009년 | 감독 로랑 티라르 | 주연 막심 고다르
- 「닥터 두리틀 3」 2006년 | 감독 리치 톤 | 주연 카일라 프랫
- 「모모」 1986년 | 감독 요하네스 샤프 | 주연 라도스트 보켈
- 「님스 아일랜드」 2008년 | 감독 제니퍼 플랙켓, 마크 레빈 | 주연 조디 포스터

6. 마음이 쑥쑥 자라는 성장 영화
- 「빌리 엘리어트」 2000년 | 감독 스티븐 달드리 | 주연 제이미 벨
- 「맨발의 꿈」 2010년 | 감독 김태균 | 주연 박희순
- 「말아톤」 2005년 | 감독 정윤철 | 주연 조승우
- 「비욘드 사일런스」 1996년 | 감독 카롤리네 링크 | 주연 실비 테스튀

7. 놀랍고 신기한 과학의 세계
- 「월-E」 2008년 | 감독 앤드류 스탠튼
- 「쥬라기 공원」 1993년 | 감독 스티븐 스필버그 | 주연 샘 닐
- 「스타워즈 에피소드 4」 1997년 | 감독 조시 루카스 | 주연 해리슨 포드
- 「백 투 더 퓨처」 1985년 | 감독 로버트 저메키스 | 주연 마이클 제이 폭스

8. 영화로 만나는 고전
- 「달나라 여행」 1902년 | 감독 조르쥬 멜리에스
- 「오즈의 마법사」 1939년 | 감독 빅터 플레밍 | 주연 주디 갈란드
- 「빨간 풍선」 1956년 | 감독 알베르 라모리세 | 주연 파스칼 라모리세
- 「E.T.」 1982년 | 감독 스티븐 스필버그 | 주연 드루 배리모어
- 「34번가의 기적」 1994년 | 감독 레스 메이필드 | 주연 리차드 아텐보로
- 「오세암」 2003년 | 감독 성백엽

독서 퀴즈

1 영화를 가리키는 말은 나라마다 다릅니다. 예전에 우리나라에서는 영화를 무엇이라고 불렀을까요?

2 영화의 4가지 장르는 무엇일까요?

3 1895년 12월 28일 프랑스 파리의 그랑 카페에서 뤼미에르 형제가 상영한 최초의 영화 제목은 무엇일까요?

4 1889년 에디슨이 발명한 것으로 한 사람씩만 볼 수 있도록 되어 있는 영사기의 이름은 무엇인가요?

5 사진기 12대를 일정한 간격으로 설치하여 달리는 말을 촬영하는 실험으로 이후 영화 카메라의 발전에 큰 도움을 준 사람의 이름은 무엇인가요?

6 콧수염과 낡은 중절모, 지팡이를 들고 헐렁한 양복을 입은 우스꽝스러운 모습으로 무성 영화 시대를 대표하는 스타였던 사람의 이름은 무엇인가요?

7 폭탄의 이름에서 따온 말로, 엄청난 제작비를 들여 만든 영화를 뜻하는 단어는 무엇일까요?

8 특수한 안경을 끼고 영화를 보면 마치 실제 눈앞에서 사건이 벌어지는 듯 입체적으로 보이는 영화를 무엇이라고 하나요?

9 우리나라에 처음 영화가 들어왔다는 기록이 실린 곳은 어디인가요?

10 우리나라 최초의 여배우의 이름은 무엇인가요?

11 소리가 없던 무성 영화 시대에 등장인물의 대사나 감정들을 관객들에게 설명해 주는 역할을 했던 사람을 무엇이라고 하나요?

12 한국 영화의 아버지라 불리는 나운규 감독의 대표작으로 나라 잃은 슬픔을 잘 그려낸 영화의 제목은 무엇인가요?

13 카메라의 위치와 움직임, 인물의 동작, 대사, 배경 등이 표시되어 있어서 시나리오를 영상으로 바꿀 수 있도록 돕는 것을 무엇이라고 하나요?

14 참가자들이 무대에서 연기를 하면 그것을 보고 감독이나 프로듀서 등이 심사를 통해 배역에 적합한 사람을 뽑는 것을 무엇이라 하나요?

15 세계 3대 영화제 중 하나로 독일에서 열리며 최우수 작품상으로 금곰상을 주는 영화제의 이름은 무엇일까요?

정답

1 활동사진
2 실루엣, 다큐멘터리 영화, 장편 영화, 애니메이션
3 시나리오 쓰기 드라마트루기
4 사운드스케이프
5 에듀테인먼트 마케팅
6 필름 해드림
7 플롯카메라
8 3D 영화
9 봉성식민
10 이동활
11 변사
12 아리랑
13 콘티뉴어티(콘티)
14 오디션
15 베를린 영화제

상수리 호기심 도서관 21

영화 아는 만큼 보여요

글 | 이남진
그림 | 홍기한

초판 1쇄 발행 | 2012년 8월 27일
초판 4쇄 발행 | 2016년 12월 9일

펴낸이 | 신난향
편집위원 | 박영배
펴낸곳 | (주)맥스교육(상수리)
출판등록 | 2011년 8월 17일(제321-2011-000157호)
주소 | 서울특별시 서초구 논현로 83 삼호물산빌딩 A동 4층
전화 | 02-589-5133(대표전화)
팩스 | 02-589-5088
홈페이지 | www.maksmedia.co.kr
블로그 | blog.naver.com/sangsuri_i

편집장 | 송지현
편집 | 허현정 조현주
디자인 | 서정민 김세은
영업·마케팅 | 홍승훈 강하니
경영지원팀 | 장주열
인쇄 | 삼보아트

ISBN 978-89-97449-16-3 73680
정가 11,000원

> 상수리는 독자 여러분의 귀한 원고를 기다리고 있습니다.
> 투고 원고는 이메일 maxedu@maksmedia.co.kr로 보내 주세요.

어린이제품안전특별법에 의한 제품 표시

제조자명 (주)맥스교육(상수리) \ **제조국** 대한민국 \ **제조년월** 2016년 10월 \ **사용연령** 만 7세 이상 어린이 제품

* 이 책의 내용을 일부 또는 전부를 재사용하려면 반드시 (주)맥스교육(상수리)의 동의를 얻어야 합니다.
* 잘못된 책은 구입한 곳에서 바꾸어 드립니다.

상수리 호기심 도서관

1. 지속 가능한 발전 이야기
2008년 (사)행복한아침독서 추천 도서
카트린느 스테른 글 | 페넬로프 패쉴레 그림 | 양진희 옮김
지속 가능한 발전과 환경 보호 실천법 소개

2. 어린이 고고학의 첫걸음
라파엘 드 필리포 글 | 롤랑 가리그 그림 | 조경민 옮김
고고학 상식부터 우리 고고학 역사 설명

3. 구석구석 알아보는 몸과 성 이야기
세르쥐 몽타냐 글 | 피에르 보쿠쟁 그림 | 김효림 옮김
몸의 구조와 역할, 성교육 등 우리 몸 탐구

4. 가족 나무와 유전자 이야기
로랑스 아방쉬르 아잔 글 | 뱅상 베르제에 그림 | 김미겸 옮김
유전자, 족보, 가족 촌수, 타인 존중 설명

5. 세계의 모든 집 이야기
2009년 (사)행복한아침독서 추천 도서
올리비에 미농 글 | 오렐리 르누아르 그림 | 이효숙 옮김
집의 역사와 세계 문화를 알려 주는 책

6. 알고 싶고 타고 싶은 자동차
2009년 문화체육관광부 아동청소년 우수 교양도서
홍대선 글 | 남궁선하 그림 | 김정하 감수
자동차 역사와 원리, 경제와 과학까지 설명

7. 상상력이 만든 장난감과 로봇
2009년 열린어린이 여름방학 추천 도서
2010년 (사)행복한아침독서 추천 도서
백성현 글 | 황미선 그림 | 김정하 감수
로봇의 역사와 발전 과정, 원리를 정리

8. 똥을 왜 버려요?
2009년 열린어린이 겨울방학 추천 도서
2010년 (사)행복한아침독서 추천 도서
김경우 글 | 조윤이 그림
세계의 패션과 문화, 역사를 담은 똥 이야기

9. 우리 소리 우리 음악
2010년 문화체육관광부 아동청소년 우수 교양도서
제76차 한국간행물윤리위원회 권장 도서
김명곤 글 | 이인숙 그림
우리 음악의 역사와 민족의 멋과 흥 설명

10. 한 권에 담은 세계 음악
2010년 국립어린이청소년도서관 사서 추천 도시
파우스토 비탈리아노 글 | 안토니오 라포네 그림 | 조성윤 옮김
바흐부터 재즈, 힙합까지 담은 음악 정보책

11. 보고 싶은 텔레비전 궁금한 방송국
초등학교 6학년 1학기 국어 교과서 수록
소피 바흐만 외 글 | 토니두란 그림 | 김미겸 옮김
텔레비전과 방송의 역사와 원리 설명

12. 정정당당 스포츠와 올림픽
2011년 어린이문화진흥회 좋은 어린이책 선정
베네딕트 마티유 외 글 | 오렐리앙 데바 그림 | 김옥진 옮김
올림픽의 역사와 스포츠 발달 과정 정리

13. 세계 역사를 바꾸는 정치 이야기
소피 라무뢰 글 | 클레르 페레 그림 | 양진희 옮김
정치 제도와 시민 운동 등을 알려 주는 정보책

14. 생명을 살리는 윤리적 소비
2010년 문화체육관광부 아동청소년 우수 교양도서
정원각 외 글 | 이상미 그림
공정 무역과 환경 등의 소중함을 일깨우는 책

15. 어린이 로마인 이야기
에릭 다스 외 글 | 오렐리앙 데바 그림 | 김옥진 옮김
로마의 유적과 유물, 역사와 문화 정보책

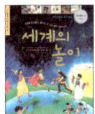
16. 세계의 놀이
2011년 어린이문화진흥회 좋은 어린이책 선정
2011년 (사)행복한아침독서 추천 도서
알레산드로 마싸쏘 외 글 | 비비아나 체라토 그림 | 조성윤 옮김
대륙별로 소개하는 세계 어린이 놀이 백과

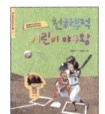
17. 천하무적 어린이 야구왕
김동훈 글 | 최일룡 그림
흥미진진 재미만점 알찬 야구 안내서

18. 빨리 높이 멀리 달려라 육상 이야기
김화성 글 | 최환욱 그림
육상의 역사와 과학, 육상 스타들의 도전기

19. 초등 경제 콘서트
리비아나 포로팟 글 | 스테파노 토네티 외 그림 | 유은지 옮김
세계의 모든 경제 정보가 담긴 경제 백과

20. 세계의 이민 이야기
소피 라무뢰 글 | 기욤 롱 그림 | 박광신 옮김
이주와 다문화 시대를 사는 세계 어린이를 위한 안내서

21. 영화 아는 만큼 보여요
2013년 (사)행복한아침독서 추천 도서
이남진 글 | 홍기한 그림
상상력과 창의력 가득한 어린이 영화 안내서

22. 나도 저작권이 있어요!
2013년 (사)행복한아침독서 추천 도서
초등학교 6학년 2학기 국어 교과서 수록
김기태 글 | 이홍기 그림
인터넷 세대가 알아야 할 저작권의 모든 것

23. 달력을 보면 사회가 재밌어!
정세언 글 | 이유진 그림
달력으로 배우는 신개념 초등 사회 학습!

24. 문화재가 살아 있다!
정혜원 글 | 김진원 그림
세계가 인정한 우리 무형 문화유산 17!

* 상수리 호기심 도서관 시리즈는 계속 출간됩니다.